特别鸣谢：

中国嘉德国际拍卖有限公司
北京保利国际拍卖有限公司
北京翰海拍卖有限公司
中贸圣佳国际拍卖有限公司
北京匡时国际拍卖有限公司
西泠印社拍卖有限公司
北京荣宝拍卖有限公司
北京诚轩拍卖有限公司
长风拍卖有限公司
北京华辰拍卖有限公司
北京歌德拍卖有限公司
北京永乐国际拍卖有限公司
中鼎国际拍卖有限公司
上海朵云轩拍卖有限公司
上海泓盛拍卖有限公司
天津市文物公司
辽宁中正拍卖有限公司
中国嘉德广州国际拍卖有限公司
广东保利拍卖行有限公司
云南典藏拍卖有限公司
罗芙奥艺术集团
长风国际拍卖（香港）有限公司
佳士得国际（CHRISTIE’S）
苏富比国际（SOTHEBY’S）

2009

中国艺术品拍卖年鉴

CHINESE ARTS AUCTION RECORDS

中国艺术品拍卖年鉴　编委会

·玉器·

東方出版社

图书在版编目（CIP）数据

2009中国艺术品拍卖年鉴. 玉器/中国艺术品拍卖年鉴编委会编.

—北京：东方出版社，2009

ISBN 978-7-5060-3528-6

Ⅰ. 2… Ⅱ. 2… Ⅲ. ①艺术-作品-拍卖-价格-中国-2009-年鉴

②古玉器-拍卖-价格-中国-2009-年鉴 Ⅵ. F724.787-54

中国版本图书馆CIP数据核字（2009）第077724号

2009中国艺术品拍卖年鉴·玉器 CHINESE ARTS AUCTION RECORDS

中国艺术品拍卖年鉴编委会 编

责任编辑： 孙 涵

装帧设计： 艺和天下

出版发行： 東方出版社

地　　址： 北京朝阳门内大街166号

邮　　编： 100706

邮购电话： (010)65250042 65289539

印　　刷： 环球印刷（北京）有限公司

经　　销： 新华书店

版　　次： 2009年6月第1版 2009年6月北京第1次印刷

开　　本： 889×1194毫米 1/16

印　　张： 10

书　　号： ISBN 978-7-5060-3528-6

定　　价： 88.00元

2008年玉器拍卖市场评述

古方

在经历了2007年玉器价格令人目眩的暴涨之后，2008年，玉器市场开始趋向平静和理性。由次贷危机引发的全球金融危机蔓延全球，并进而影响艺术品市场，中国自然也未能独善其身。中国艺术品市场在经历了2005年市场洗礼，油画与当代艺术价格经历了2008年雪崩式的暴跌之后，玉器市场却保持了相对稳定，全球玉器精品依然创出高价，成为2008年市场寒冬中不多的热点和亮点。对于玉器的拍卖收藏来说，更是一个脱胎换骨的最佳时期。

从2005年开始，中国艺术品价格飞速上涨，玉器市场随之迅速升温，三天一小涨三月一大涨，真正验证了黄金有价玉无价之说。随着中国经济的发展，财富的积累，玉器市场日趋火爆。随着价格的飙升，越来越多的资金和藏家介入这个市场，在短期内迅速推高了玉器价格，市场价格泡沫也越来越严重，在经历了2006年疯狂暴涨之后，2007年市场开始出现理性回调。从2008年开始，尤其奥运会之后，玉器艺术品市场泡沫开始破裂，交易缩水，价格走低，整体经营行业和拍卖行业都受到了沉重的打击。

纵观全年的艺术品拍卖市场，可谓风云变幻，受经济海啸的影响，中国乃至全球范围内的艺术品拍卖市场都大幅缩水。香港佳士得、苏富比亚洲艺术品拍卖遭到大幅度流拍现象，成交总额也比去年下降了一半还多。其中玉器专场成交率也略显一般，尤其在玉器方面少有高价拍品的出现，更没有出现众买家竞相角逐的场面。以下例举的是几大拍卖公司2008年秋拍成交额与春拍相比较的缩水幅度排名：

公司名称	春拍成交额	秋拍成交额	幅度变化
中国嘉德	9.9935亿	3.6035亿	缩水64%
北京保利	9.01亿	3.92亿	缩水56%
北京华辰	1.294亿	1.06亿	缩水18%

如以2008年下半年秋季拍卖的各大拍卖公司玉器拍卖情况来说，形势更为严峻：

公司名称	总件数	成交件数	成交率	去年成交率
香港佳士得	40件	28件	70%	78%
中国嘉德	50件	12件	24%	38%
北京翰海	275件	213件	77.45%	82%
北京保利	61件	30件	49%	61%
北京匡时	35件	9件	26%	76.3%

由上表可以看出，无论是成交量还是成交率，都大幅降低，中国艺术品市场将要面临一次严峻的考验，而玉器市场也必将面临重大调整。从表面看，中国艺术品收藏似乎遭遇了滑坡，整个市场趋冷。但笔者认为，危险中孕育着机会，这次玉器拍卖与收藏的变革，却是一次脱胎换骨的良好契机。

2008年10月8—9日在上海召开的 “2008年华人收藏家高峰论坛会”，以“感知文明，以养情致”为主题，汇集了世界各地重量级的华人收藏家，讨论了中国文化对世界的影响，也探讨了这次金融危机对整个亚洲文化尤其是中国艺术品市场的影响。多数与会者认为这是一次理性的市场调整，对未来几年中国艺术品市场的前景依然一致看好。很多华人收藏家认为现在的艺术品收藏市场太火爆了，越来越多的人受到利益的诱惑，整个艺术品市场充斥着造假、贩假、假拍、拍假，拍卖会上能见到的好东西廖若星辰，珍品难求。他们呼吁艺术经营企业和拍卖公司严格把关，提高拍品质量。对于真正的收藏家来说，收藏就是人生，他们会一如既往地为精品慷慨解囊。

高古玉市场分析

在国际国内各大拍卖公司中，坚持常年推出玉器拍卖的，只有苏富比、佳士得、中国嘉德、北京保利、北京翰海、中贸圣佳、匡时国际和天津文物数家公司，能坚持每年推出高古玉器拍

西汉 黄玉带钩

卖的，大概只有北京翰海一家了。由于赝品泛滥，精品征集难度大，近年高古玉市场一直比较平淡。总体而言，2008拍卖场上高古玉虽然精品罕见，但仍不乏亮点，令人惊艳。

从今年各大拍卖公司上拍的玉器来看，高古玉并不是很多，每场只是占据拍卖玉器比例的10%左右；有的拍卖公司没有举行玉器拍卖专场，而是把玉器与瓷杂混合在一起拍卖，所占比例都不足5%。但是相比于去年整个高古玉在古玉中所占的比例，今年的成交率明显提高很多。而且越是好的拍品竞争越激烈，说明高古玉在继去年的温热之后继续保持着升温状态，而且市场不是被这次的金融风暴给扰乱了，而是真正缺乏高品质的拍品。

香港长风春拍，一件战国时期龙凤玉珮，长23厘米，估价30—50万港元，最后以80.5万港元成交；云南典藏春拍，一件汉代白玉蒲纹璧，直径15厘米，玉质纯净温润，雕工细腻，估价150—250万元，最后以201.6万元拍出，是近年比较罕见的汉代玉璧精品。

2008年高古玉拍卖中的亮点是11月4日在英国伦敦佳士得秋拍“中国艺术品”拍卖会上，一件长9.3厘米，宽6.5厘米，估价为10—15万英镑的精致罕见的西汉黄玉透雕神兽卷云纹带钩，经过激烈的竞拍，最后以82.525万英镑（合129.9768万美元）被一上海藏家成功拍下，创下高古玉年度拍卖纪录。这件玉带钩在20世纪初为上海著名银店商陈仁涛所收藏，大约在1947年收入范·奥尔岑·巴容家族收藏（Baron and Baroness von Oertzen Collection），并在五六十年代出版著录。因此，从某种意义上来说，这件汉代玉带钩的高价位里有相当一部分价值是体现在流传有序上，因为流传有序不但明确了器物的来源，而且也在一定程度上起着鉴定真伪的作用。

明清玉器市场分析

乾隆二十四年（1759）平定新疆准噶尔回部叛乱后，清廷恢复了对新疆的管辖和治理，并控制了和田玉料的开采，从此，大批优质和田玉料开始源源不断供应宫廷。由于乾隆酷爱玉器，清宫中玉器制作和收藏达到了顶峰，无论是品质或数量，还是工艺水准，都远迈前朝，可谓空前绝后。相比于高古玉独特的形制和深厚的文化内涵，乾隆玉胜在精美的玉质和精湛的雕工，这也是清代乾隆玉在收藏拍卖市场长盛不衰、深受追捧的原因：在整个玉器拍卖市

清乾隆 乾隆帝御宝交龙钮白玉玺

清乾隆 乾隆帝御宝交龙钮和田青玉玺

场，清代玉器占据了超过85%的份额；从2000年以来，拍卖市场天价成交的玉器，85%以上都属乾隆玉器。2008年玉器拍卖，清朝玉器尤其是乾隆玉器，继续引领了这一趋势。

2008年，各拍卖公司推出玉器专场不足十场，略少于2007年的十四场，数量和单件成交价格也略逊于上年。从成交情况看，伦敦、香港、北京玉器专拍的成交情况都不错。

2008下半年苏富比在香港和巴黎分别推出的“法国吉美家族收藏清代皇帝玺印”专拍，将今年帝后玉玺的拍卖推向了新的高潮，并创造了玉器拍卖的新纪录。

香港苏富比专拍中，8件乾隆玉玺全部成交，其中6件拍品成交价超过千万，乾隆帝交龙钮白玉玺以6338万港元拍出，创下中国玺印拍卖纪录及中国玉器拍卖纪录。此玉玺印文为“乾隆御笔”，是乾隆帝命工匠将前朝的某方玉玺印文磨去后重新刻上印文，与类似玺印印台高度相比，此玉玺印台略显低矮，其印面边长达到12.5厘米，是所有乾隆帝玺印中最大的之一。其余几件高价成交的玺印分别是：乾隆帝交龙钮白玉玺成交价3762万港元，边长为7.5厘米，印文为“自强不息”；交龙钮和田青玉玺1858万港元，也是一件从未见于拍卖场的乾隆玉玺，印面边长达12.7厘米，体量硕大，印文为篆书“天恩八旬之宝”，青玉质，专家研究，此玺应该是为了庆祝乾隆帝八十大寿而特制的；云龙钮白玉长方玺（2方）1522万港元；螭龙钮白玉长方玺1074万港元；螭龙钮碧玉玺（2方）1018万港元。12月18日，巴黎苏富比专拍也成绩斐然，一件乾隆帝御宝白玉玺，估价12-18万欧元，最后成交价为61.2万多欧元。

这些玉玺，原本藏于故宫寿皇殿，1900年八国联军攻入北京，法军指挥部就设于寿皇殿，从此流散到法国。近年，这些玉玺陆续散出。

苏富比之外，另有几家公司也有清宫玺印上拍：中贸圣佳春拍，清道光玛瑙瑞兽钮孝穆圣成皇后之宝成交价33.6万元，清道光云龙钮玉玺拍出39.2万元；秋拍中，清碧玉孝穆圣成皇后之宝以358.4万元高价拍出。云南典藏春拍，清乾隆碧玉雕龙钮玉玺51.52万元成交。

自香港佳士得连续两场“瑰玉清雕——Alan and Simone Hartman重要玉器珍藏”的成功推出，将清代玉器尤其是乾隆玉器的价格提升到了一个新的高度。2008年玉器拍卖虽然缺少重要的私人专场拍卖，但依然精品迭出，价位不俗，其中高价成交的皆为乾隆玉。

2008年5月13日伦敦佳士得春拍，一批原为法国已故藏家General Omer Blot旧藏的玉器引发各路藏家的激烈竞争，两件乾隆御制玉器拍出了天价：白玉雕夔凤螭龙纹觥及一对白玉象纹盖盒均以136.45万英镑成交。11月4日，伦敦佳士得秋季拍卖会中的“名家珍藏中国玉器”专场，所有拍品全为清代玉器，拍品涵盖了清代各个时期，尤以乾隆玉器最为引人瞩目，总成交额达到1220多万元，成交率达到83%。

香港方面，佳士得秋拍，清乾隆御制白玉雕穿花八吉祥盘龙纹双兽耳活环盖瓶是典型的乾隆宫廷御制品，成交价为2530万港元，清乾隆御制白玉雕十二辰双喜纹活环卮，成交价2082万港元，均入围年度玉器拍卖成交价前10名。清乾隆御制铜胎掐丝珐琅嵌白玉七珍三件、八吉祥四件及清18世纪御制白玉雕菊米花纹

清乾隆 御制白玉雕夔凤螭龙纹觥

清乾隆 御制白玉象纹盖盒（一对）

清乾隆 御制白玉雕穿花八吉祥盘龙纹双兽耳活环盖瓶

清乾隆 御制白玉雕十二辰双喜纹活环奁

茶壶，均以722万港元拍出。苏富比秋拍，一件清乾隆御制《般若波罗蜜多心经》玉册，“大清乾隆年制”款，以727.15万港元落槌。香港长风春拍，清乾隆白玉海水龙云纹洗以747.5万港元拍出，清中期白玉痕都斯坦工嵌金镶宝天球瓶拍出了690万港元。秋拍中，清乾隆帝御制《赋得瑾瑜匿瑕》玉山子，以268.8万港元成交。

北京方面，北京保利秋拍“明清宫廷艺术”拍卖专场，共上拍87件拍品，其中玉器12件，全场成交5191.2万元，玉器成交额达到2587.2万元。玉器出价最高、角逐最激烈的是清乾隆时期的白玉百鸟朝凤插屏，最后以134.4万元人民币高价成交。中贸圣佳春拍“中国古代玉器”专场，成交额达到2714万多元，其中清乾隆御题诗沧波楼白玉插屏成交价为336万元；秋拍时“中国玉器”专场，成交额与春拍不相上下，达到2756万多元，清痕都斯坦连座玉执壶成交价为291.2万元。翰海春拍，清乾隆白玉九如香炉以268.8万元成交；秋拍中，清中期翠雕兽面双耳盖瓶以436.8万元拍出。匡时国际春拍“清代宫廷艺术品”专拍中，一件清中期翡翠观音以1814.4万元的高价成交，也是年度成交价最高的翡翠拍品；秋拍时，一件清中期翡翠凤纹提梁壶也拍出了560万元。

清中期 翡翠观音

在以往两年中，玉器排行榜首的清中期玉器始终都是以文房类为主，2008年有向以大型陈设器为主转变的趋势。雅昌网调查排行榜显示，今年嘉德、保利、翰海、佳士得、天津文物等拍卖公司玉器拍卖成交价格最高的就是清中期乾隆御制的陈设器。由此可见，只要是珍品、精品，始终会受到藏家青睐。

当代新玉市场分析

2008年来，很多玉器爱好者开始把重点转移至当代玉器的收藏，尤其是新玉的收藏藏家群体远超高古玉器收藏的群体，具有广泛的群众基础。而新玉收藏当中，各个玉雕派系大师的作品受到越来越多的人青睐，各个拍卖公司也适时介入，相继推出现代工艺美术大师玉雕专场，并屡创骄人成绩。

新玉之所以成为投资收藏的热点，原因可归纳为以下几点：

1、新玉玉质的优劣容易分辨；

2、新玉的雕工大多比古玉好；

3、新玉价格比较适中，不同价位可满足不同消费群体的需要；

4、新玉不用考虑很多历史人文因素和古代雕工技法，对于历史文化积淀少、鉴赏能力不足的人来说，不存在买到假货的可能；

5、随着玉石资源面临枯竭，新玉也有很大的升值空间。

中国嘉德在2008年春拍，推出了“现当代雕刻艺术”专场，其中部分是当代玉雕作品，28件，成交14件。其中，倪伟滨创作的草桥结义和田白玉牌估价28-38万元，成交价为72.8万元；旭日东升和田白玉扳指，估价28-38万元，成交价为53.76万元。蒋喜创作的四方灵瑞护佑和田白玉牌，估价20-30万元，成交价47万元。北京翰海秋拍推出了“天工巧掇 当代工艺美术家作品”专场，其中王俊懿创作的翡翠雕《生生不息》，估价33-53万元，成交价为72.8万元。广东保利夏拍和冬拍都分别上拍了当代翡翠饰品，一套翡翠珠链成交价达到127.6万元。

伴随着和田玉矿越来越稀少，新玉的收藏热在上个世纪就已经开始升温，近几年迅速飙升，现在新疆和田地区开采玉石规模萎缩，更加速了和田玉原料价格的急速飞涨，尤其是籽料的价格节节攀升，上涨幅度令人瞠目。在成品方面，各个流派大师之作更是难求之作，价格有些远超古玉。2008年11月30日在扬州玉石料市场举行了“2008年玉器精品拍卖会”，共展出了精品玉器120件，全部出自“扬州工”的扬州玉雕派系，堪称是扬州玉器业内2008年度的精华之作。其中一件由中国工艺美术大师高毅设计雕刻的新疆白玉籽料三足圆炉，起拍价为350万元，仅原料价格就超过200万元。

国石作品市场分析

2007年，北京翰海秋拍首次推出国石艺术品专拍，大获成功，由此引发了国内拍卖公司拍卖国石热潮。2008年，各公司专场拍卖骤增，除翰海外，中国嘉德、上海嘉泰、杭州西泠、广东

《桃花源记》寿山田黄石章

保利都推出了大量国石作品。

在几大国石艺术品中，以寿山石上拍的数量最多、品种最全，价位则以田黄石价位最高，其次是昌化鸡血石和巴林石。

中国嘉德秋拍国石国艺专拍中林文举创作的《桃花源记》寿山田黄石章以313.6万元成交，成为年度成交价最高的寿山田黄石作品。此作品高6.3厘米，以薄意法雕刻，融诗、书、画、篆刻于一体，是顶级石材和雕刻工艺的完美结合。另一件昌化鸡血石山子摆件，估价160-200万元，最后以179.2万元拍出。翰海秋拍，巴林福黄牛角冻石雕螃蟹估价80-120万元，成交价为106.4万元。广东保利夏拍，寿山田黄《福在眼前》估价115-120万，最后以121万元成交，寿山田黄《雪山集景》估价150-160万元，成交价为159.5万元。

现在的艺术品市场与其说是冬季，倒不如说是一个市场自我压缩、调整、规范的整形期，是对于市场的藏品和藏家大甄选的时期，是按照优胜劣汰的自然定律净化的时期，是中国把自己特有的玉石文化推向世界的转折期。

寿山田黄《雪山集景》

2008年中国玉器成交TOP10

序号	拍品名称	拍品号	估价	成交价	拍卖公司	拍卖时间
1	清康熙 寿山石云龙纹钮“康熙御笔之宝”			EUR5,600,000	法国图鲁斯 Herve Chassaing	2008-6-14
2	清乾隆 乾隆帝御宝交龙钮白玉玺	2003	估价待询	HKD63,380,000	香港苏富比	2008-10-8
3	清乾隆 乾隆帝御宝交龙钮白玉玺	2007	HKD5,000,000-7,000,000	HKD37,620,000	香港苏富比	2008-10-8
4	清乾隆 御制白玉雕穿花八吉祥盘龙纹双兽耳活环盖瓶	2606	HKD6,000,000-8,000,000	HKD25,300,000	香港佳士得	2008-12-3
5	清中期 翡翠观音	0161	RMB7,000,000-9,000,000	RMB18,144,000	匡时国际	2008-5-21
6	清乾隆 御制白玉雕十二辰双喜纹活环卮	2603	HKD5,000,000-7,000,000	HKD20,820,000	香港佳士得	2008-12-3
7	清乾隆 乾隆帝御宝交龙钮和田青玉玺	2006	估价待询	HKD18,580,000	香港苏富比	2008-10-8
8	清乾隆 御制白玉雕夔凤螭龙纹觥	65	GBP60,000-80,000	GBP1,364,500	伦敦佳士得	2008-5-13
9	清乾隆 御制白玉象纹盖盒(一对)	63	GBP150,000-200,000	GBP1,364,500	伦敦佳士得	2008-5-13
10	清乾隆 乾隆帝御宝云龙钮白玉长方玺二方	2002	HKD8,000,000-12,000,000	HKD15,220,000	香港苏富比	2008-10-8

（备注：本表中RMB为人民币，HKD为港元，EUR 为欧元，GBP为英镑）

目 录

001 2008年玉器拍卖市场评述

001 高古玉器

015 唐宋元代玉器

021 明代玉器

027 清代玉器

137 当代玉器

1617 文化期 玉素环
尺寸：直径10.8cm
估价：RMB90,000-120,000
成交价：RMB100,800
2008-12-7 北京翰海

1500 文化期 玉锥形器
尺寸：长11.8cm
估价：RMB80,000-120,000
成交价：RMB89,600
2008-5-11 北京翰海

1618 文化期 玉鸟兽纹钺形器
尺寸：高10.7cm
估价：RMB40,000-60,000
成交价：RMB44,800
2008-12-7 北京翰海

1501 文化期 玉璇玑
尺寸：长15.5cm
估价：RMB35,000-50,000
成交价：RMB39,200
2008-5-11 北京翰海

1621 文化期 玉珠串（108粒）
估价：RMB160,000-200,000
成交价：RMB179,200
2008-12-7 北京翰海

1622 商 白玉弦纹柄形器
尺寸：高9.5cm
估价：RMB38,000-45,000
成交价：RMB42,560
2008-12-7 北京翰海

1623 商 绿松石饕餮面珮饰
尺寸：高4.4cm
估价：RMB32,000-40,000
成交价：RMB35,840
2008-12-7 北京翰海

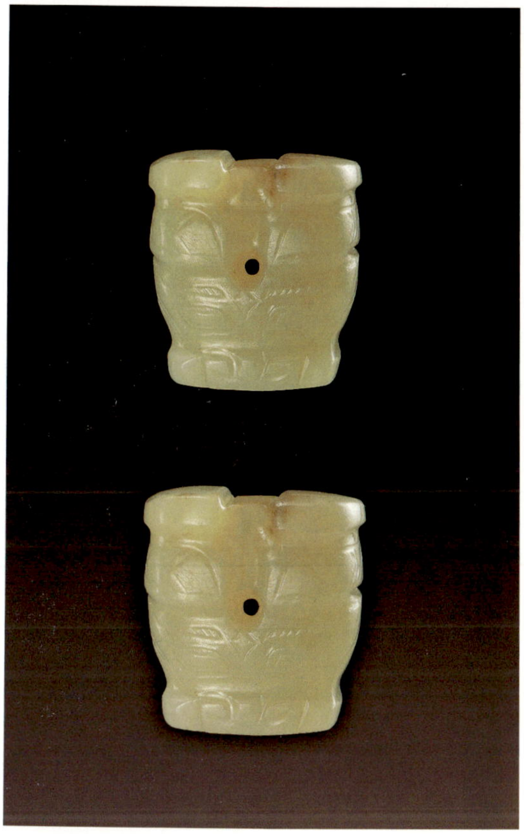

1485 西周 玉兽面璧

尺寸：直径3cm

估价：RMB18,000-22,000

成交价：RMB24,640

2008-5-11 北京翰海

1486 西周 玉龙纹玦形饰

尺寸：直径3cm

估价：RMB15,000-20,000

成交价：RMB16,800

2008-5-11 北京翰海

1625 商晚期 青玉龙首纹面饰

尺寸：高3cm

估价：RMB58,000-70,000

成交价：RMB64,960

2008-12-7 北京翰海

1624 商 黄玉龙首戈形珮

尺寸：长7.3cm

估价：RMB120,000-160,000

成交价：RMB145,600

2008-12-7 北京翰海

1505 西周 白玉琮

尺寸：高2.3cm

估价：RMB90,000-120,000

成交价：RMB100,800

2008-5-11 北京翰海

1514 西周 双龙首玉璜

尺寸：长8.2cm

估价：RMB220,000-280,000

成交价：RMB246,400

2008-5-11 北京翰海

1481 西周 玉鱼

尺寸：长8.6cm

估价：RMB20,000-28,000

成交价：RMB67,200

2008-5-11 北京翰海

1632 西周 玉龙纹勒组串饰
估价：RMB66,000–80,000
成交价：RMB67,200
2008-12-7 北京翰海

1534 西周 玉颈饰
尺寸：长4.1cm
估价：RMB150,000–200,000
成交价：RMB168,000
2008-5-11 北京翰海

1495 西周 玉兽面饰
尺寸：高2cm
估价：RMB35,000–45,000
成交价：RMB42,560
2008-5-11 北京翰海

1630 西周 玉兔形珮
尺寸：长4cm
估价：RMB22,000–28,000
成交价：RMB24,640
2008-12-7 北京翰海

1633 周 玉蝉
尺寸：高3.2cm
估价：RMB20,000-30,000
成交价：RMB39,200
2008-12-7 北京翰海

1483 春秋 玉云纹方勒
尺寸：高1.7cm
估价：RMB18,000-23,000
成交价：RMB28,000
2008-5-11 北京翰海

1484 战国 玉云纹扁勒
尺寸：高3.4cm
估价：RMB15,000-20,000
成交价：RMB22,400
2008-5-11 北京翰海

1509 春秋 玉扭丝纹瑗
尺寸：直径5.6cm
估价：RMB60,000-80,000
成交价：RMB67,200
2008-5-11 北京翰海

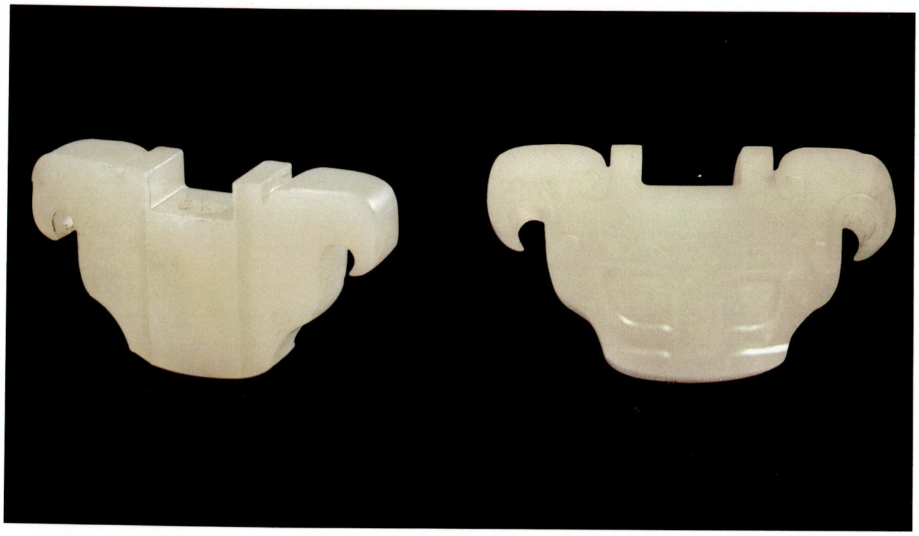

1494 战国 玉兽面饰
尺寸：高2.2cm
估价：RMB60,000-80,000
成交价：RMB76,160
2008-5-11 北京翰海

1635 春秋早期 青玉羽纹玦
尺寸：直径3.6cm
估价：RMB12,000-18,000
成交价：RMB13,440
2008-12-7 北京翰海

1502 战国 秦式玉虎形珮（一对）
尺寸：长10.7cm
估价：RMB150,000-200,000
成交价：RMB168,000
2008-5-11 北京翰海

1517 战国晚期－西汉早期 龙形玉觿
尺寸：长12cm
估价：RMB350,000－400,000
成交价：RMB392,000
2008-5-11 北京翰海

1641 战国 玉龙形珮
尺寸：长8.1cm
估价：RMB80,000－100,000
成交价：RMB89,600
2008-12-7 北京翰海

0652 战国 战国龙凤玉珮
尺寸：长23cm
估价：HKD300,000-500,000
成交价：HKD805,000
2008-5-28 香港长风

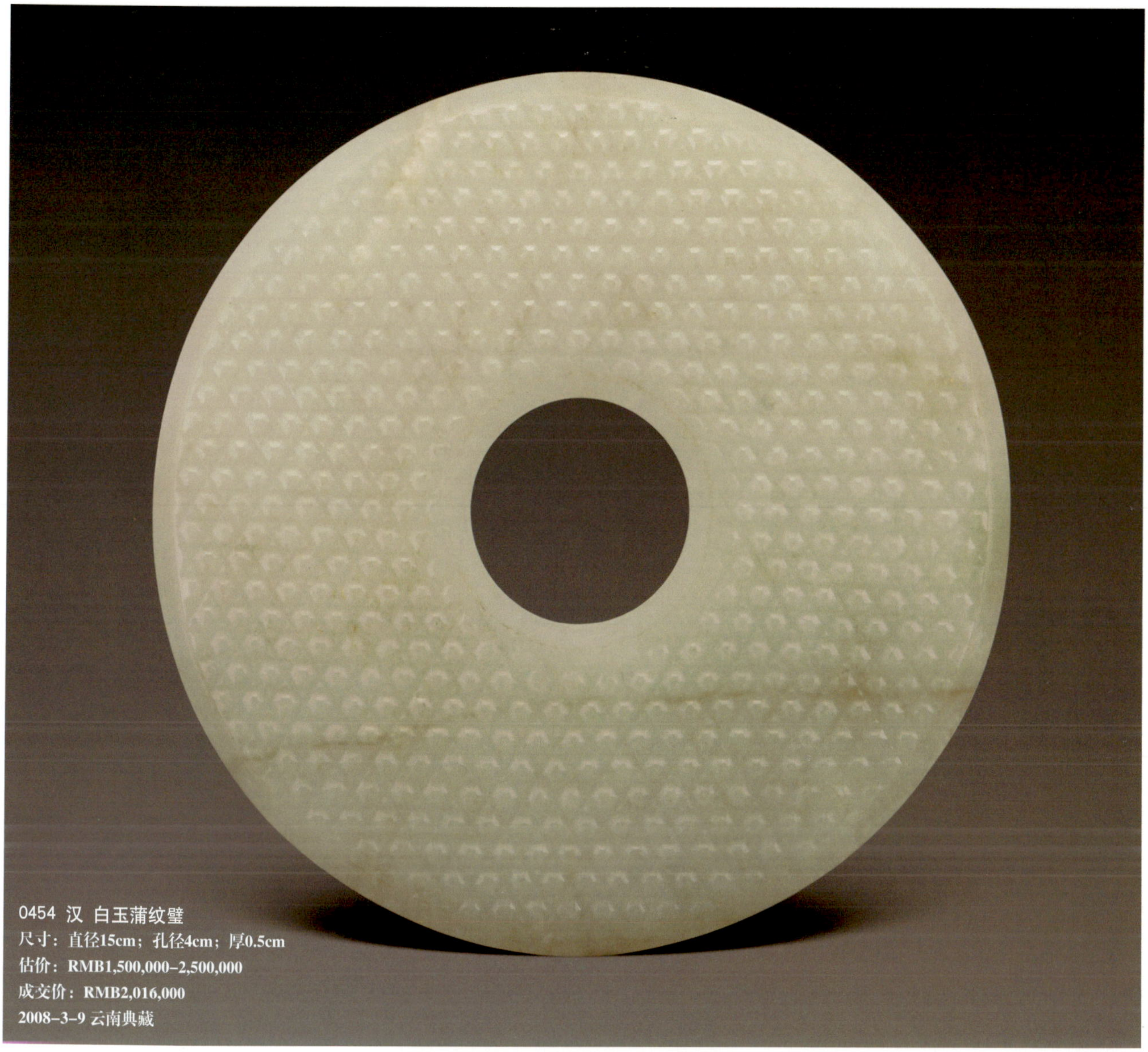

0454 汉 白玉蒲纹璧
尺寸：直径15cm；孔径4cm；厚0.5cm
估价：RMB1,500,000-2,500,000
成交价：RMB2,016,000
2008-3-9 云南典藏

1638 战国 玉谷纹环
尺寸：直径8.3cm
估价：RMB80,000-100,000
成交价：RMB89,600
2008-12-7 北京翰海

1504 西汉 玉勾连云纹瑗
尺寸：直径7.7cm
估价：RMB30,000-50,000
成交价：RMB39,200
2008-5-11 北京翰海

1510 西汉 玉谷纹璧
尺寸：直径7.8cm
估价：RMB70,000-90,000
成交价：RMB78,400
2008-5-11 北京翰海

0128 西汉 黄玉带钩

尺寸：9.3×6.5×1.5cm

估价：GBP100,000–150,000

成交价：GBP825,250

2008–11–4 伦敦佳士得

1489 汉 玉印
尺寸：高1.9cm
估价：RMB25,000-30,000
成交价：RMB28,000
2008-5-11 北京翰海

1586 汉 黄玉鹅小带钩
尺寸：长3.5cm；高1.5cm
估价：RMB40,000-60,000
成交价：RMB56,000
2008-12-7 北京翰海

1651 汉 玉谷纹璧
尺寸：直径3.4cm
估价：RMB22,000-30,000
成交价：RMB28,000
2008-12-7 北京翰海

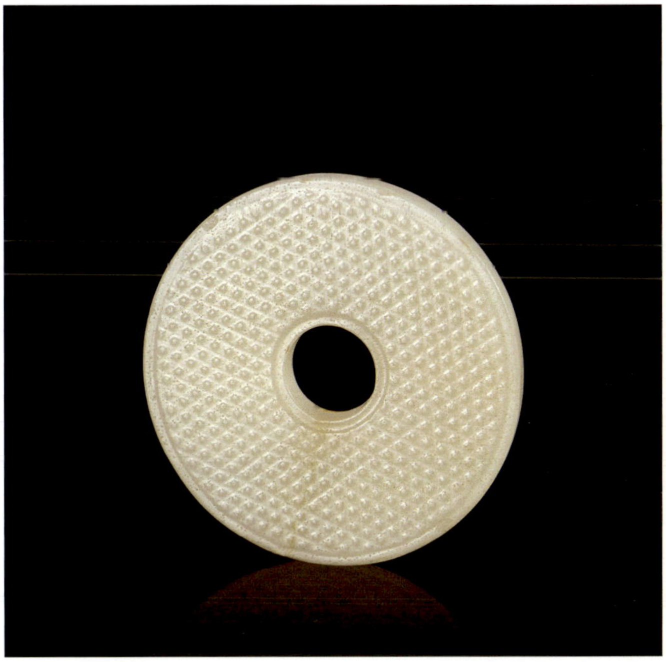

1506 汉 玉蒲纹璧
尺寸：直径4.8cm
估价：RMB40,000-60,000
成交价：RMB50,400
2008-5-11 北京翰海

1523 西汉 玉剑首
尺寸：直径4.5cm
估价：RMB160,000-200,000
成交价：RMB179,200
2008-5-11 北京翰海

1524 西汉 玉透雕双螭虎剑首
尺寸：直径4.2cm
估价：RMB350,000-400,000
成交价：RMB392,000
2008-5-11 北京翰海

1526 西汉 玉螭龙剑格
尺寸：高2.2cm
估价：RMB120,000-160,000
成交价：RMB134,400
2008-5-11 北京翰海

1522 西汉 玉剑饰组含玉印
尺寸：长1.7-5.6cm
估价：RMB280,000-350,000
成交价：RMB313,600
2008-5-11 北京翰海

1642 西汉 玉双龙首云纹带钩
尺寸：长12cm
估价：RMB100,000–150,000
成交价：RMB201,600
2008–12–7 北京翰海

1645 西汉 玉蝉
尺寸：高3.9cm
估价：RMB25,000–35,000
成交价：RMB39,200
2008–12–7 北京翰海

1527 西汉 玉螭虎剑璏
尺寸：长6.5cm
估价：RMB240,000–280,000
成交价：RMB268,800
2008–5–11 北京翰海

1648 汉 白玉蝉
尺寸：高5.5cm
估价：RMB20,000–30,000
成交价：RMB56,000
2008–12–7 北京翰海

1487 东汉 玉司南珮
尺寸：高2.5cm
估价：RMB15,000–20,000
成交价：RMB33,600
2008–5–11 北京翰海

1649 东汉 玉双螭龙纹韘形珮
尺寸：高7.4cm
估价：RMB60,000–80,000
成交价：RMB95,200
2008–12–7 北京翰海

1841 南北朝 辟邪兽
尺寸：长6cm
估价：RMB450,000–600,000
成交价：RMB515,200
2008–4–27 中国嘉德

1499 南北朝 青玉辟邪
尺寸：长10cm
估价：RMB350,000–450,000
成交价：RMB392,000
2008–5–11 北京翰海

1842 南北朝 玉獬豸
尺寸：长5cm
估价：RMB200,000-300,000
成交价：RMB224,000
2008-4-27 中国嘉德

1465 唐 黄玉神兽
尺寸：长6cm
估价：RMB120,000-150,000
成交价：RMB134,400
2008-12-7 北京翰海

0224 六朝 黄玉水银沁雕天禄
尺寸：长6cm
估价：RMB180,000-280,000
成交价．RMD224,000
2008-4-28 北京华辰

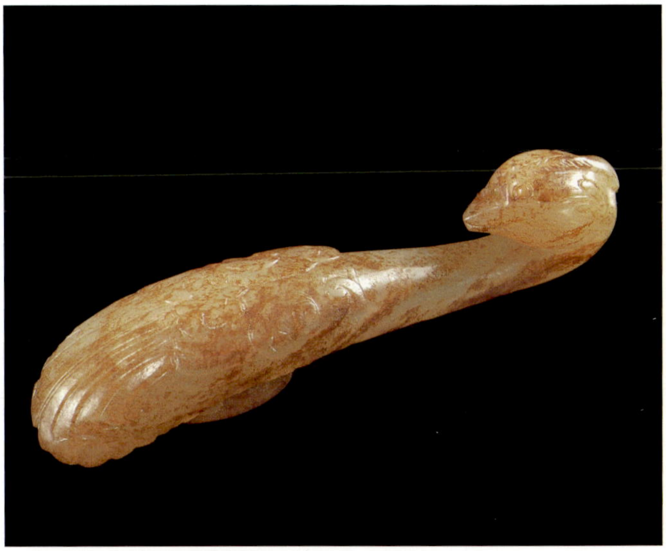

1540 唐一宋 玉凤首带钩
尺寸：长7.5cm
估价：RMB30,000-50,000
成交价：RMB168,000
2008-5-11 北京翰海

0248 唐-宋 白玉雕荷花叶碗
尺寸：直径11cm
估价：RMB150,000-180,000
成交价：RMB330,000
2008-7-27 辽宁中正

1655 宋 玉饕餮面蒲纹璧
尺寸：直径4.2cm
估价：RMB60,000-80,000
成交价：RMB89,600
2008-12-7 北京翰海

1609 宋 黑白玉湖石孔雀摆件
尺寸：高8.5cm；宽8cm；厚4cm
估价：RMB100,000-150,000
成交价：RMB190,400
2008-5-11 北京翰海

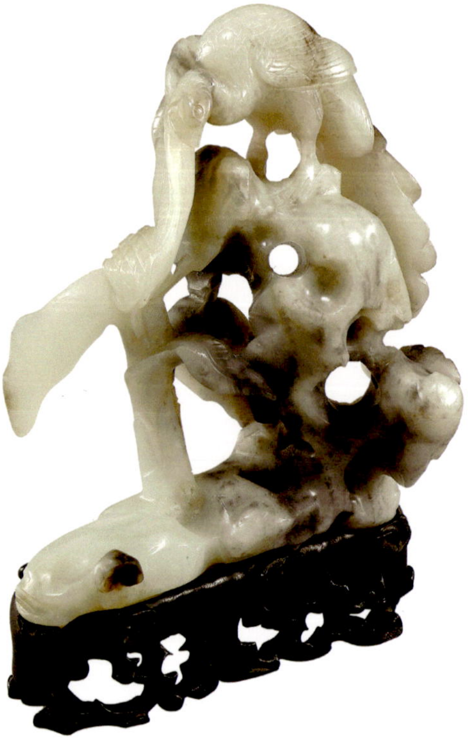

1802 宋代 玉鱼
尺寸：长6.2cm
估价：RMB180,000-280,000
成交价：RMB201,600
2008-4-27 中国嘉德

1827 宋代 玉卧犬
尺寸：长7.8cm
估价：RMB150,000-200,000
成交价：RMB257,600
2008-4-27 中国嘉德

1580 宋 白玉童子
尺寸：高6cm
估价：RMB100,000-120,000
成交价：RMB134,400
2008-12-7 北京翰海

1639 宋 白玉与子同欢笔搁
尺寸：长7.4cm；高4cm；宽4.3cm
估价：RMB200,000-300,000
成交价：RMB257,600
2008-5-11 北京翰海

0135 宋 黄玉带黑沁瑞兽镇
尺寸：长8cm
估价：RMB450,000-480,000
成交价：RMB504,000
2008-4-28 北京华辰

1839 宋代 玉兔
尺寸：长6.8cm
估价：RMB400,000-600,000
成交价：RMB448,000
2008-4-27 中国嘉德

1838 宋代 玉鹅
尺寸：长4.9cm
估价：RMB350,000-450,000
成交价：RMB403,200
2008-4-27 中国嘉德

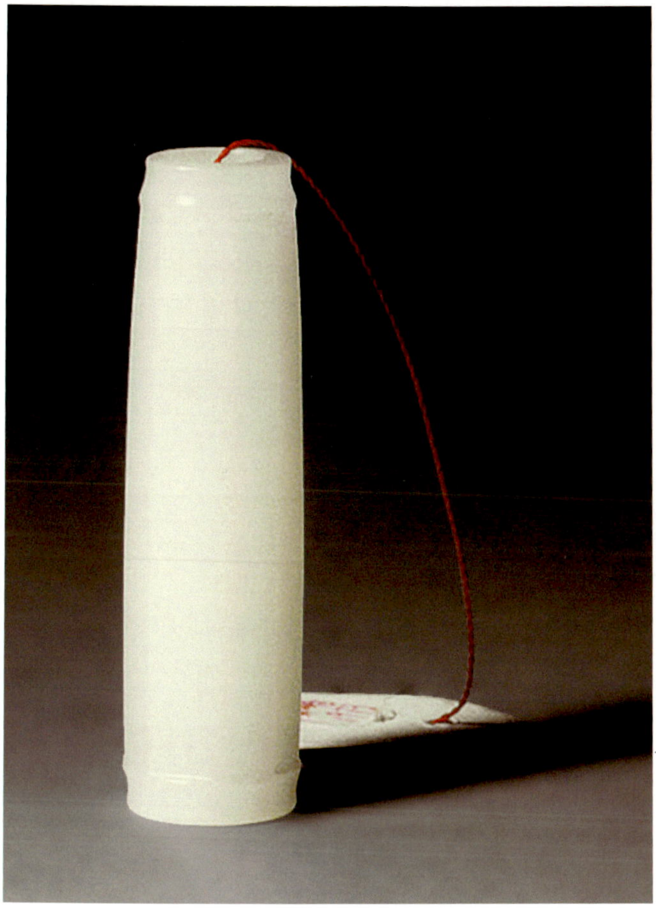

1829 宋代 翘首玉鹿
尺寸：长5.2cm
估价：RMB100,000-150,000
成交价：RMB134,400
2008-4-27 中国嘉德

0235 宋 "梅花落"诗文玉管
梅花落：绍圣元年春月。中庭杂树多，偏为梅咨嗟。问君何独然，念其霜中能作花，露中能作实，摇荡春风媚春月。念尔零落逐寒风，徒有霜华无霜质。
尺寸：长5.5cm
估价：RMB800,000-1,000,000
成交价：RMB896,000
2008-4-30 北京长风

1661 辽金 白玉鹿纹带饰
尺寸：长11.6cm
估价：RMB220,000-280,000
成交价：RMB302,400
2008-12-7 北京翰海

1840 元代 瑞狮纸镇
尺寸：长7cm
估价：RMB350,000-500,000
成交价：RMB492,800
2008-4-27 中国嘉德

1935 元 玉龙钮押
尺寸：高4.8cm
估价：RMB80,000-100,000
成交价：RMB134,400
2008-5-11 北京翰海

0445 辽 和田白玉留皮随形玉枕
尺寸：长27cm
估价：RMB1,600,000-1,600,000
成交价：RMB1,760,000
2008-5-15 天津文物

1658 元 玉瑞兽
尺寸：高7.8cm
估价：RMB250,000-300,000
成交价：RMB280,000
2008-12-7 北京翰海

1543 元 玉胡人戏狮
尺寸：高10.5cm
估价：RMB120,000-160,000
成交价：RMB201,600
2008-5-11 北京翰海

1426 明 黄玉人物首
尺寸：高3.8cm
估价：RMB8,000-12,000
成交价：RMB145,600
2008-12-7 北京翰海

0637 元末明初 和田白玉奚官御马摆件
尺寸：长26.5cm；高15.8cm
估价：HKD1,500,000-1,800,000
成交价：HKD1,955,000
2008-5-28 香港长风

0952 明代 白玉镂雕荷叶杯
尺寸：长16cm
估价：RMB120,000-120,000
成交价：RMB154,000
2008-11-7 天津文物

1660 明早期 白玉三童子水呈
尺寸：长6.6cm；宽4.6cm；厚3.2cm
估价：RMB350,000-400,000
成交价：RMB481,600
2008-5-11 北京翰海

1484 明 黄玉荷叶形洗
尺寸：长14.5cm
估价：RMB300,000-400,000
成交价：RMB806,400
2009-1-11 中贸圣佳

1440 明 碧玉云纹龙凤觥
尺寸：高13.4cm
估价：RMB120,000-150,000
成交价：RMB134,400
2008-12-7 北京翰海

1666 明 兽面云纹玉圭
尺寸：高13.5cm
估价：RMB50,000-70,000
成交价：RMB156,800
2008-12-7 北京翰海

1452 明 黄玉骆驼
尺寸：长6.4cm
估价：RMB500,000-700,000
成交价：RMB560,000
2008-5-11 北京翰海

1462 明 玉卧狮
尺寸：长9cm
估价：RMB100,000-120,000
成交价：RMB145,600
2008-12-7 北京翰海

1463 明 黄玉卧犬
尺寸：长7.8cm；高2.5cm
估价：RMB100,000-130,000
成交价：RMB134,400
2008-12-7 北京翰海

0186 明代 玉鼠
尺寸：长7.5cm
估价：RMB150,000-250,000
成交价：RMB257,600
2008-5-21 匡时国际

1408 明 玉双鼠
尺寸：长7.2cm
估价：RMB30,000-50,000
成交价：RMB112,000
2008-12-7 北京翰海

1450 明 黄玉雕连年有余
尺寸：长11cm
估价：RMB400,000-600,000
成交价：RMB929,600
2008-5-11 北京翰海

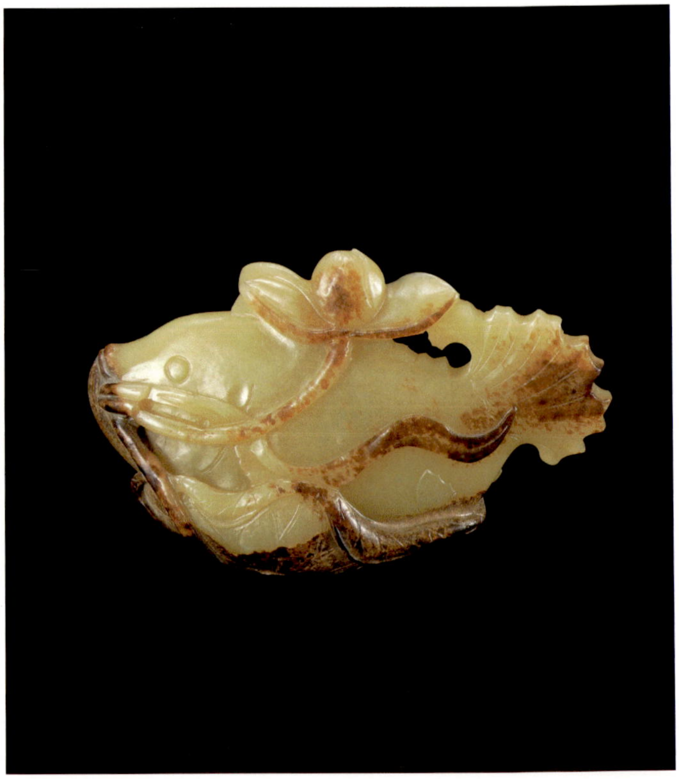

1147 明 玉雕饕餮纹出戟方觚
尺寸：高22.4cm
估价：RMB250,000-350,000
成交价：RMB286,000
2008-7-14 广东保利

0829 明代 墨玉兽面纹花觚
尺寸：高21cm
估价：RMB260,000-260,000
成交价：RMB286,000
2008-11-7 天津文物

0022 明 白玉雕蕉叶纹出戟花觚
尺寸：高26cm
估价：RMB500,000-600,000
成交价：RMB605,000
2008-7-27 辽宁中正

0893 明代 青白玉雕望子成龙纹杯
尺寸：高13cm
估价：RMB180,000-180,000
成交价：RMB242,000
2008-11-7 天津文物

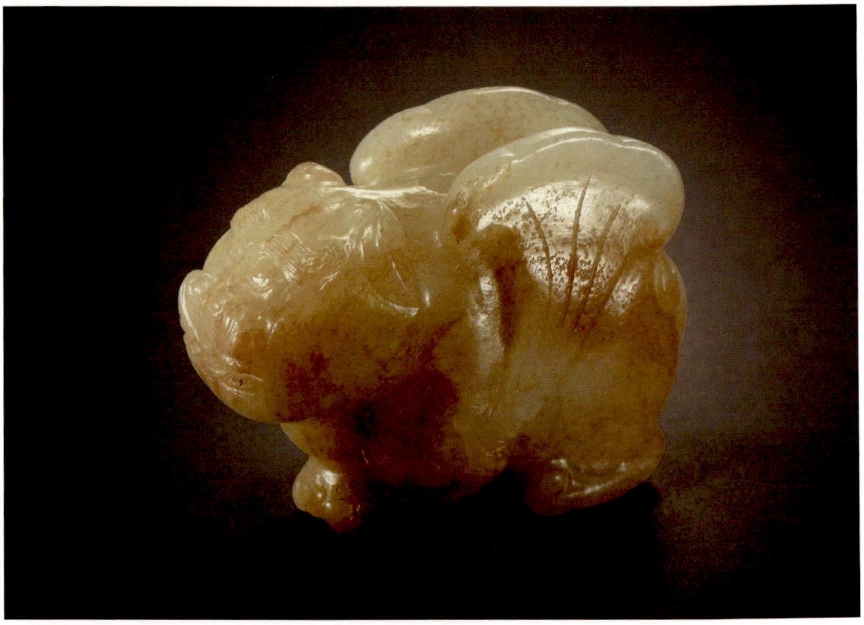

1858 明代 玉翼兽
尺寸：长5cm
估价：RMB80,000-100,000
成交价：RMB123,200
2008-4-27 中国嘉德

0137 明 青玉黑沁瑞兽（二只）
尺寸：长6cm
估价：RMB100,000-120,000
成交价：RMB112,000
2008-4-28 北京华辰

1538 明 玉云纹碗
尺寸：直径7cm
估价：RMB100,000-150,000
成交价：RMB112,000
2008-5-11 北京翰海

0329 清早期 白玉瑞兽纹赏瓶
尺寸：高23cm
估价：RMB800,000-1,200,000
成交价：RMB425,600
2008-6-7 中贸圣佳

0334 清早期 黄玉太平有象赏瓶
尺寸：高15cm
估价：RMB500,000-600,000
成交价：RMB873,600
2008-6-7 中贸圣佳

0260 清早期 青白玉六角花觚
尺寸：高20.6cm
估价：RMB180,000-250,000
成交价：RMB257,600
2008-5-21 匡时国际

0332 清初期 白玉英雄合卺杯
尺寸：高13cm
估价：RMB600,000-800,000
成交价：RMB672,000
2008-6-7 中贸圣佳

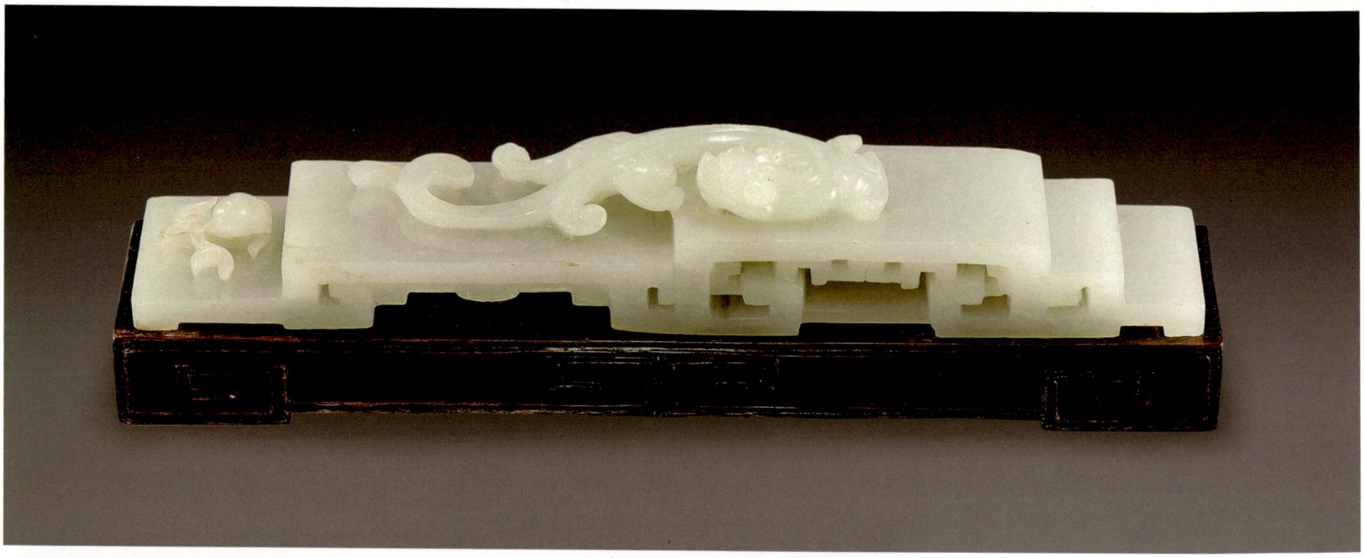

1626 清早期 白玉文镇 墨床 水呈（三件）
尺寸：长20.5cm；宽3.5cm；高4cm
估价：RMB500,000-600,000
成交价：RMB649,600
2008-5-11 北京翰海

0069 清雍正 白玉苍龙教子海棠洗
尺寸：高4.5cm；长18.5cm；宽15.2cm
估价：HKD330,000-430,000
成交价：HKD379,500
2008-5-28 香港长风

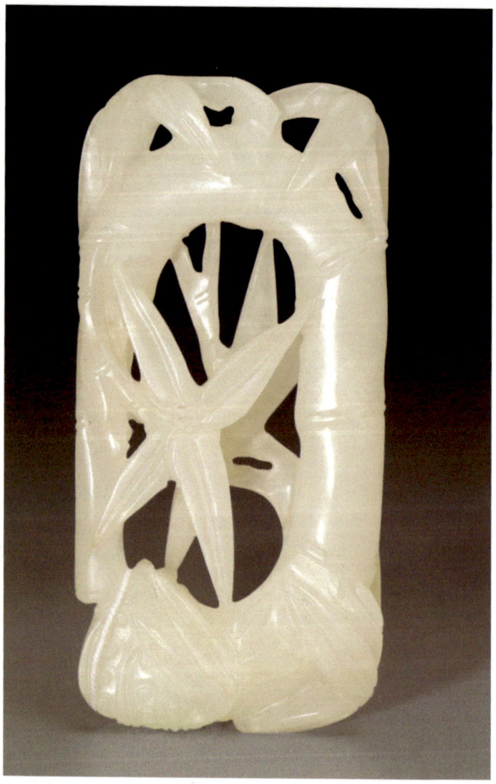

0286 清早期 白玉君子珮
尺寸： 高7cm
估价：RMB120,000-150,000
成交价：RMB134,400
2008-5-21 匡时国际

1627 清中期 白玉龙凤纹觚型花插
尺寸：高9.4cm；宽6cm；厚3cm
估价：RMB80,000-100,000
成交价：RMB100,800
2008-5-11 北京翰海

2002 清乾隆 乾隆帝御宝云龙钮白玉长方玺二方

尺寸：5 × 2.8cm

估价：HKD8,000,000–12,000,000

成交价：HKD15,220,000

2008–10–8 香港苏富比

2003 清乾隆 乾隆帝御宝交龙钮白玉玺

尺寸：12.5 × 12.5cm

估价：估价待询

成交价：HKD63,380,000

2008-10-8 香港苏富比

2006 清乾隆 乾隆帝御宝交龙钮和田青玉玺
尺寸：12.7×12.7cm
估价：估价待询
成交价：HKD18,580,000
2008-10-8 香港苏富比

2007 清乾隆 乾隆帝御宝交龙钮白玉玺
尺寸：7.5 × 7.5cm
估价：HKD5,000,000-7,000,000
成交价：HKD37,620,000
2008-10-8 香港苏富比

款识：乙巳暮春耕耤日祭 御笔
钤印：古希天子之宝、犹日孜孜
尺寸：15.5 × 8cm × 14
估价：RMB3,000,000–4,000,000
成交价：RMB2,240,000
2008–12–8 匡时国际

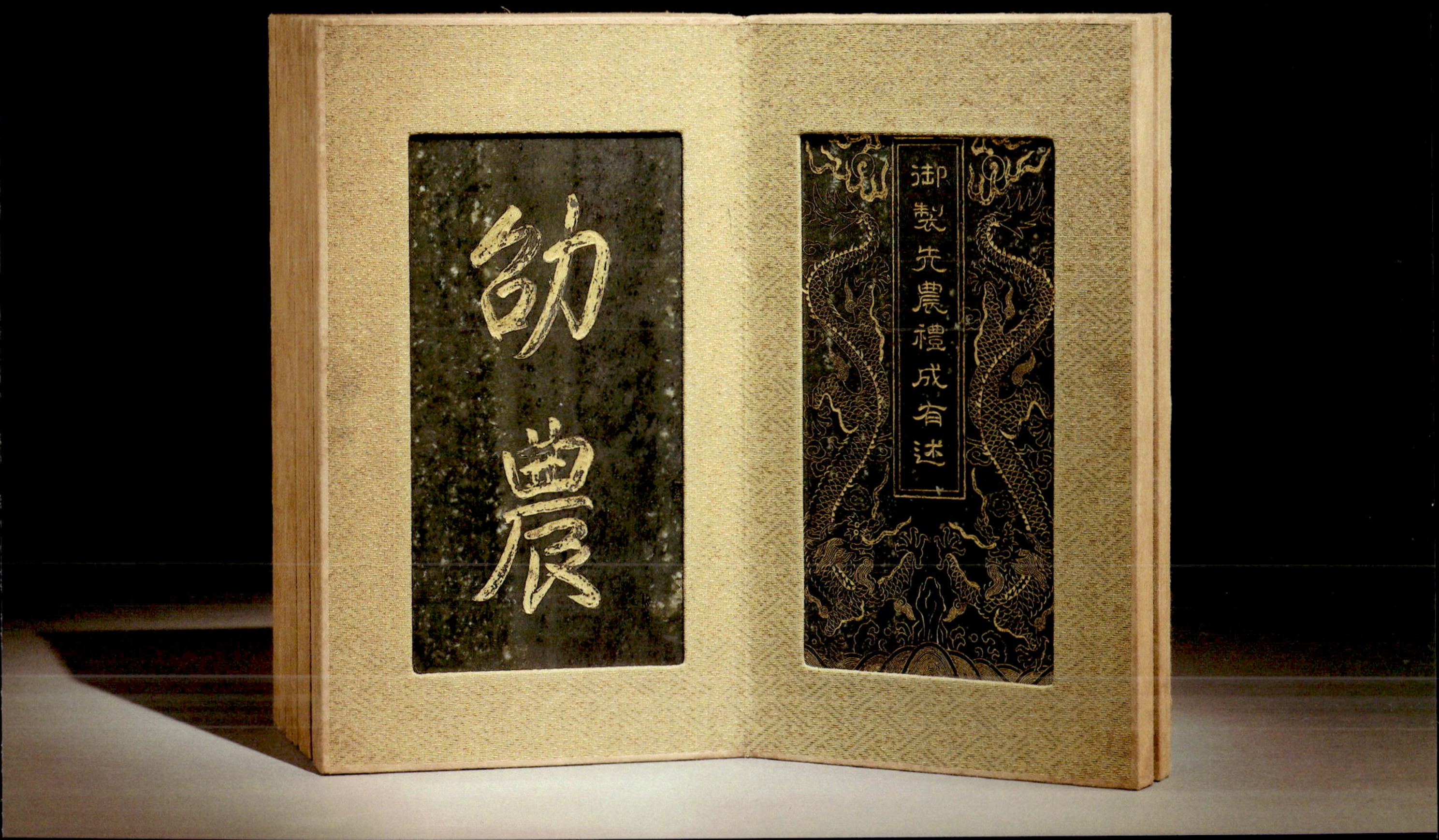

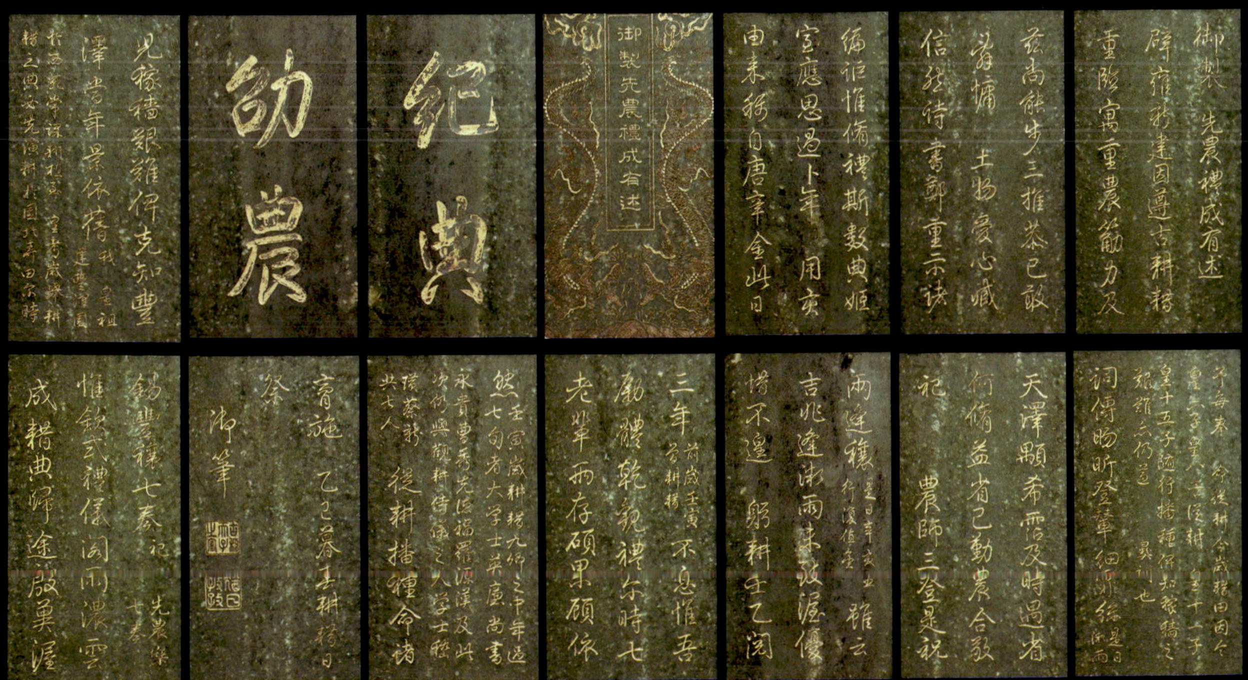

1335 清乾隆 白玉雕御题兰亭图插牌

尺寸：18×16cm

估价：RMB800,000−1,000,000

成交价：RMB896,000

2008−6−22 广州嘉德

2477 清乾隆 白玉百鸟朝凤插屏

尺寸：高39cm

估价：RMB1,200,000−2,000,000

成交价：RMB1,344,000

2008−12−6 北京保利

2110 清乾隆 青白玉填金御题诗山水座屏（一对）

尺寸：高24.5cm

估价：RMB3,000,000−4,000,000

成交价：RMB3,920,000

2008−5−30 北京保利

0353 清乾隆 御题诗沧波楼白玉插屏
尺寸：高24cm；高13cm
估价：RMB2,800,000-6,000,000
成交价：RMB3,360,000
2008-6-7 中贸圣佳

0347 清乾隆 碧玉雕花鸟纹插屏（一对）
尺寸：高20cm
估价：RMB800,000-1,200,000
成交价：RMB896,000
2008-6-7 中贸圣佳

0355 清乾隆 白玉寒山拾得入岩图赏屏
尺寸：高21cm
估价：RMB550,000-650,000
成交价：RMB694,400
2008-6-7 中贸圣佳

0960 清乾隆 白玉巧色三羊开泰摆件
尺寸：长14.5cm
估价：RMB1,500,000-1,800,000
成交价：RMB2,240,000
2008-12-8 匡时国际

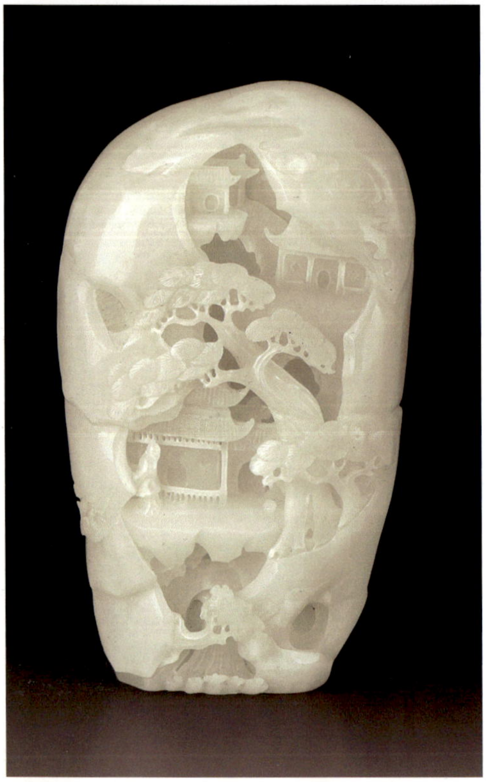

0648 清乾隆 白玉雕玉洞仙源图山子
尺寸：高19cm
估价：HKD1,200,000-1,500,000
成交价：HKD1,265,000
2008-5-28 香港长风

0373 清乾隆 白玉福寿双全摆件
尺寸：高7cm
估价：RMB250,000-350,000
成交价：RMB280,000
2008-6-7 中贸圣佳

2603 清乾隆 御制白玉雕十二辰双喜纹活环奁
尺寸：宽21cm
估价：HKD5,000,000-7,000,000
成交价：HKD20,820,000
2008-12-3 香港佳士得

2606 清乾隆 御制白玉雕穿花八吉祥盘龙纹双兽耳活环盖瓶
尺寸：高28cm
估价：HKD6,000,000-8,000,000
成交价：HKD25,300,000
2008-12-3 香港佳士得

2601 清乾隆 御制铜胎掐丝珐琅嵌白玉七珍三件、八吉祥四件

尺寸：高34.2cm

估价：HKD700,000-900,000

成交价：HKD7,220,000

2008-12-3 香港佳士得

63 清乾隆 御制白玉象纹盖盒（一对）
尺寸：直径16.4cm
估价：GBP150,000-200,000
成交价：GBP1,364,500
2008-5-13 伦敦佳士得

0629 清乾隆 白玉连环绳纹双耳瓶
尺寸：高20cm
估价：HKD900,000-1,200,000
成交价：HKD1,092,500
2008-5-28 香港长风

0669 清乾隆和合二仙盖瓶
尺寸：高15cm；宽10cm
估价：HKD1,200,000-1,300,000
成交价：HKD1,587,000
2008-5-28 香港长风

1650 清乾隆 白玉九如香炉
尺寸：宽20.5cm；高10cm
估价：RMB2,500,000-3,200,000
成交价：RMB2,688,000
2008-5-11 北京翰海

0066 清乾隆 白玉海水龙云纹洗
尺寸：高7cm；宽20cm
估价：HKD6,000,000-8,000,000
成交价：HKD7,475,000
2008-5-28 香港长风

1629 清乾隆 白玉持荷童子瓶
尺寸：高13.5cm；宽11cm；厚5.5cm
估价：RMB600,000-800,000
成交价：RMB672,000
2008-5-11 北京翰海

0255 清乾隆 白玉三螭壶
尺寸：高13cm
估价：RMB80,000-120,000
成交价：RMB173,600
2008-5-21 匡时国际

0158 清乾隆 碧玉四管式香炉
尺寸：高15.5cm
估价：RMB500,000-700,000
成交价：RMB1,366,400
2008-5-21 匡时国际

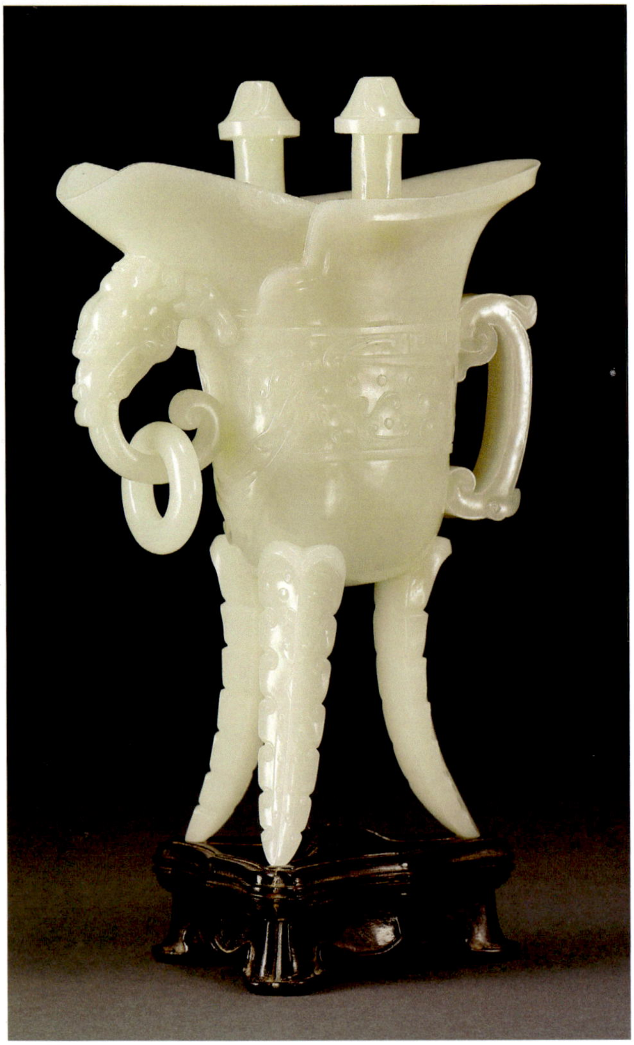

1651 清乾隆 白玉龙首爵杯
尺寸：长20cm；宽14.8cm；厚7.8cm
估价：RMB1,500,000-1,800,000
成交价：RMB1,680,000
2008-5-11 北京翰海

0275 清乾隆 白玉饕餮纹炉
尺寸：高12cm
估价：RMB120,000-150,000
成交价：RMB268,800
2008-5-21 匡时国际

1654 清乾隆 白玉绳纹香熏（二件）
尺寸：直径10cm；高11cm
估价：RMB800,000-1,000,000
成交价：RMB1,792,000
2008-5-11 北京翰海

0065 清乾隆 白玉喜字花卉纹活环洗
尺寸：高8cm；直径18.5cm
估价：HKD3,000,000–4,000,000
成交价：HKD5,405,000
2008–5–28 香港长风

0159 清乾隆 碧玉三足香炉
尺寸：高15.5cm
估价：RMB800,000-1,200,000
成交价：RMB1,534,400
2008-5-21 匡时国际

0957 清乾隆 碧玉龙凤纹三足香炉
尺寸：高13.8cm
估价：RMB700,000-900,000
成交价：RMB784,000
2008-12-8 匡时国际

1670 清乾隆 青玉饕餮纹三足香炉
尺寸：直径12.5cm；高7.5cm
估价：RMB80,000-100,000
成交价：RMB190,400
2008-5-11 北京翰海

0327 清乾隆 锦绣万代活环赏瓶

尺寸：高21.5cm

估价：RMB400,000-500,000

成交价：RMB425,600

2008-6-7 中贸圣佳

2275 清乾隆 白玉雕螭龙纹双耳瓶

尺寸：高20.5cm

估价：RMB850,000-1,000,000

成交价：RMB952,000

2008-11-10 中国嘉德

1652 清乾隆 白玉长颈盘龙瓶

尺寸：高21cm；宽7.5cm；厚4.6cm

估价：RMB650,000-800,000

成交价：RMB728,000

2008-5-11 北京翰海

0891 清乾隆 白玉雕九龙纹花觚
尺寸：高23cm
估价：RMB1,200,000-1,200,000
成交价：RMB1,320,000
2008-11-7 天津文物

0137 清乾隆 白玉饕餮纹狮钮双耳瓶
尺寸：高30cm
估价：RMB450,000-550,000
成交价：RMB528,000
2008-12-14 辽宁中正

0223 清乾隆 白玉觥
尺寸：高22cm
估价：RMB1,000,000-1,500,000
成交价：RMB1,792,000
2008-5-21 匡时国际

0409 清乾隆 青白玉雕兽面纹龙钮三足炉

尺寸：高15cm

估价：RMB700,000-700,000

成交价：RMB858,000

2008-5-15 天津文物

0869 清乾隆 碧玉僧帽壶

尺寸：高19cm

估价：RMB250,000-350,000

成交价：RMB280,000

2008-11-13 北京华辰

0953 清乾隆 青白玉夔龙兽面纹兽耳活环龙钮盖香炉

尺寸：高16cm

估价：RMB800,000-800,000

成交价：RMB1,430,000

2008-11-7 天津文物

0321 清 白玉三兽纹罐

“乾隆御制”四字二行款

尺寸：高8.5cm

估价：RMB400,000-500,000

成交价：RMB694,400

2008-6-7 中贸圣佳

0345 清乾隆 碧玉宝莲纹赏瓶

“乾隆年制”四字一行篆书款

尺寸：高27cm

估价：RMB1,200,000-1,800,000

成交价：RMB1,288,000

2008-6-7 中贸圣佳

0348 清乾隆 墨玉、碧玉水仙盆景

“乾隆年制”四字两行篆书款

尺寸：高39cm

估价：RMB350,000-450,000

成交价：RMB526,400

2008-6-7 中贸圣佳

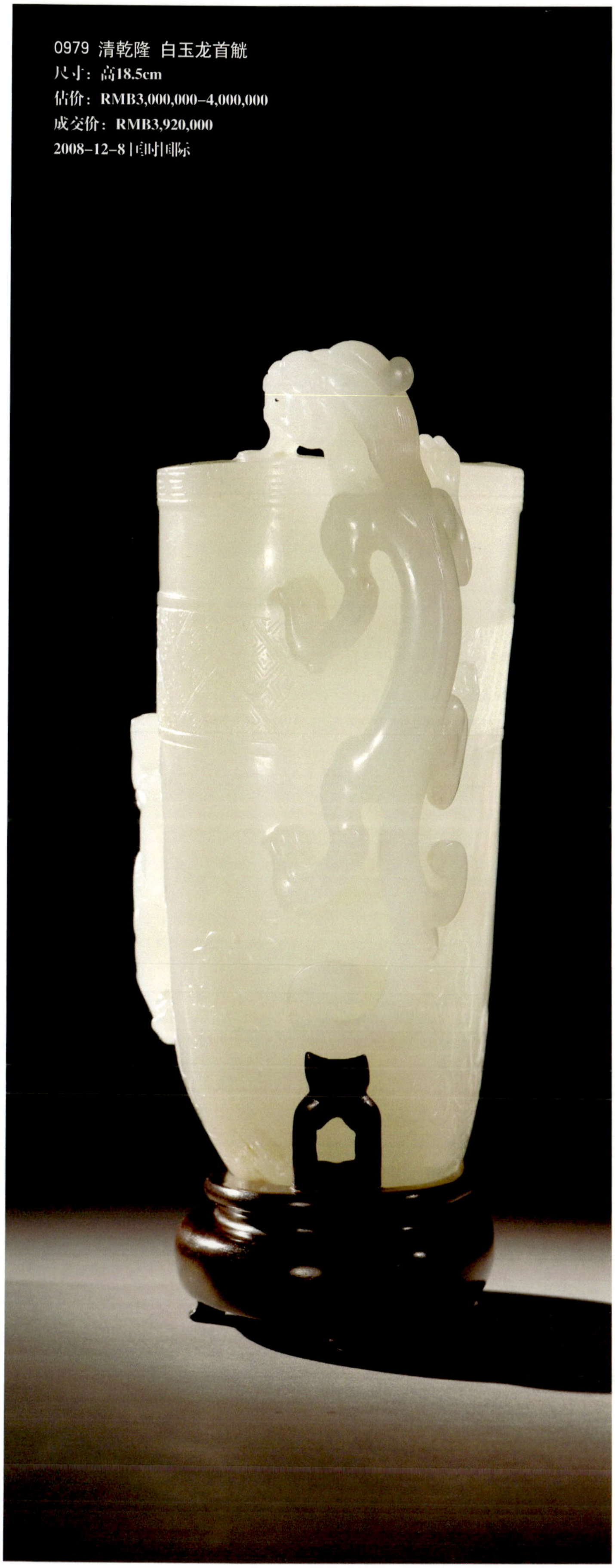

0979 清乾隆 白玉龙首觥
尺寸：高18.5cm
估价：RMB3,000,000-4,000,000
成交价：RMB3,920,000
2008-12-8 匡时国际

1462 清乾隆 痕都斯坦玉桃形洗
尺寸：15cm
估价：RMB40,000-60,000
成交价：RMB134,400
2008-5-11 北京翰海

0240 清乾隆 白玉鹿衔灵芝纸镇
尺寸：长8.3cm
估价：RMB180,000-250,000
成交价：RMB280,000
2008-5-21 匡时国际

65 清乾隆 御制白玉雕夔凤螭龙纹觥
尺寸：高19.8cm
估价：GBP60,000–80,000
成交价：GBP1,364,500
2008–5–13 伦敦佳士得

1491 清乾隆 白玉雕兽面纹香炉
尺寸：高17.5cm
估价：RMB1,200,000–1,800,000
成交价：RMB1,904,000
2009–1–11 中贸圣佳

1492 清乾隆 白玉螭龙纹双耳瓶
尺寸：高24.5cm
估价：RMB600,000–900,000
成交价：RMB1,232,000
2009–1–11 中贸圣佳

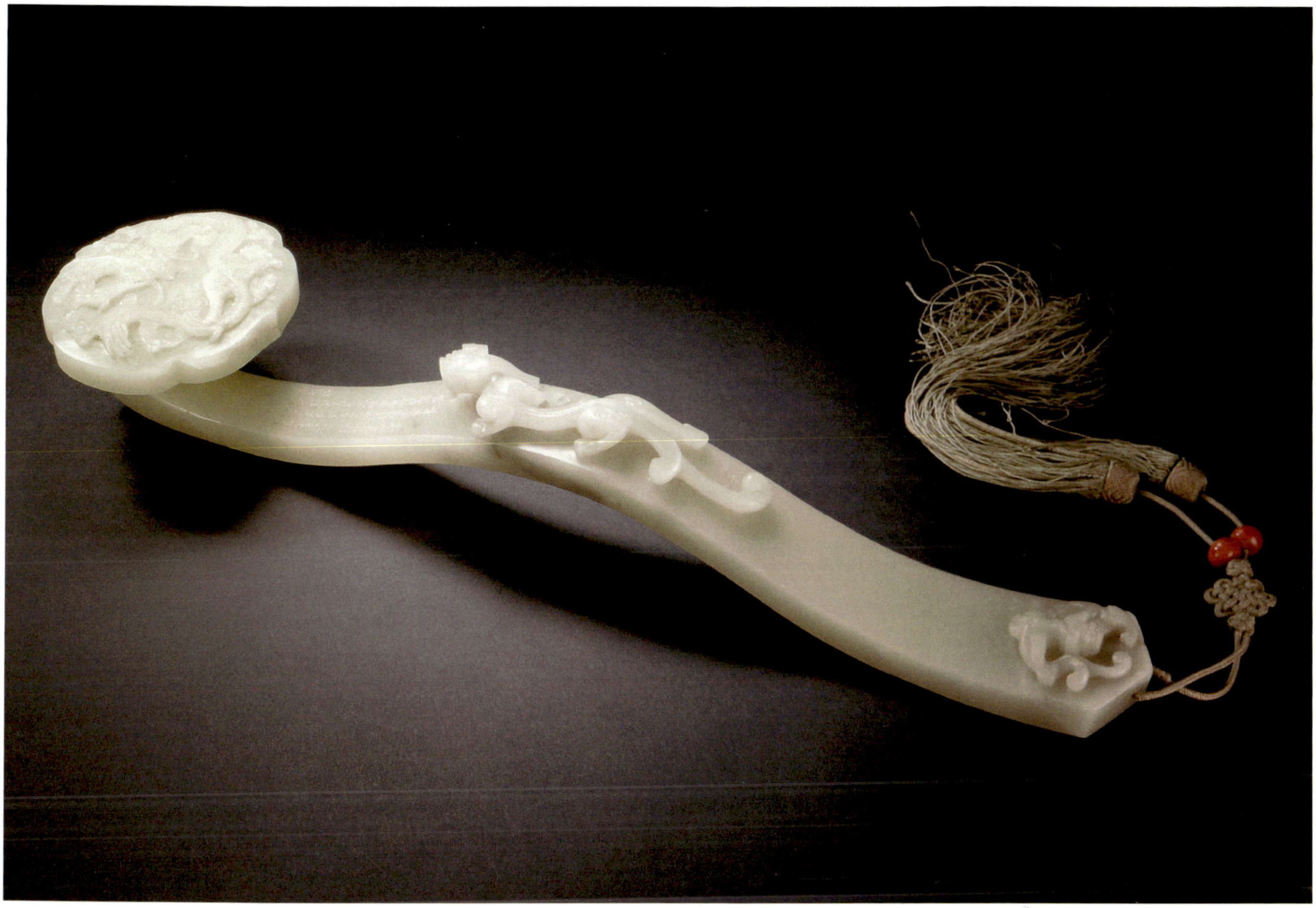

2111 清乾隆 白玉龙纹御题诗如意
尺寸：长41cm
估价：RMB1,500,000-2,500,000
成交价：RMB2,576,000
2008-5-30 北京保利

0216清乾隆 痕都斯坦玉拂尘
尺寸：长19cm
估价：RMB1,800,000-2,600,000
成交价：RMB1,760,000
2008-6-14 中鼎国际

0305 清乾隆 青玉八仙如意
尺寸：长34.7cm
估价：RMB80,000-120,000
成交价：RMB123,200
2008-5-21 匡时国际

2137 清乾隆 青白玉留皮福禄寿山子摆件
尺寸：高20cm
估价：RMB1,200,000–1,800,000
成交价：RMB1,344,000
2008-5-30 北京保利

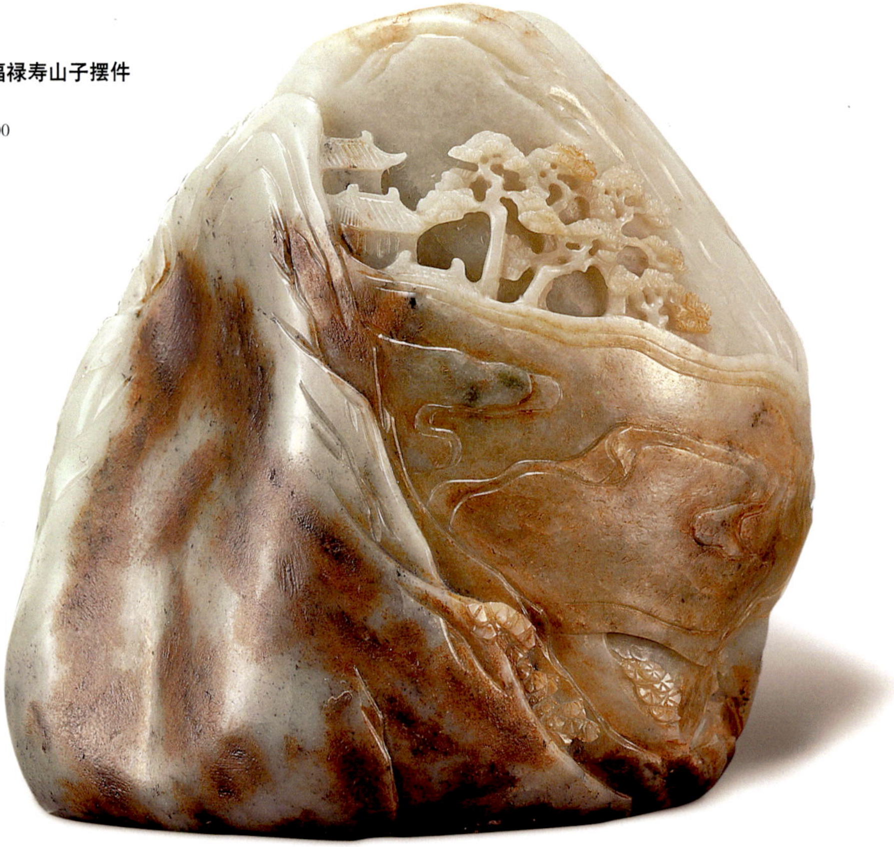

2334 清乾隆 剔漆百寿锦地嵌三镶白玉仙人图如意
尺寸：长46.5cm
估价：RMB350,000–450,000
成交价：RMB392,000
2008-5-31 北京保利

0017 清乾隆 碧玉雕缠枝黄瓜
尺寸：15×7.5cm
估价：RMB300,000–400,000
成交价：RMB440,000
2008–7–27 辽宁中正

1468 清乾隆 痕都斯坦碧玉鹰架
尺寸：长50.8cm
估价：RMB450,000–600,000
成交价：RMB504,000
2008–5–11 北京翰海

1846 清乾隆 禄鹿如意
尺寸：长9.8cm
估价：RMB500,000–800,000
成交价：RMB560,000
2008–4–27 中国嘉德

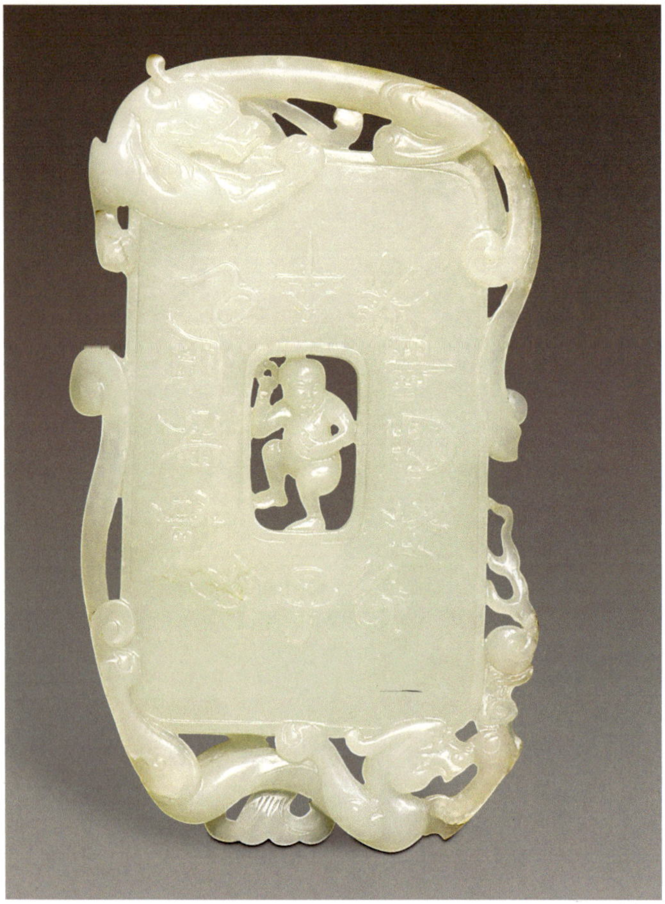

0222 清乾隆 白玉方璧
尺寸：高11.3cm
估价：RMB300,000-450,000
成交价：RMB470,400
2008-5-21 匡时国际

1465 清乾隆 痕都斯坦玉嵌红宝石水呈
尺寸：高7.1cm
估价：RMB600,000-800,000
成交价：RMB672,000
2008-5-11 北京翰海

0068 清乾隆 白玉痕都斯坦工斗笔
尺寸：长25cm
估价：HKD200,000-300,000
成交价：HKD632,500
2008-5-28 香港长风

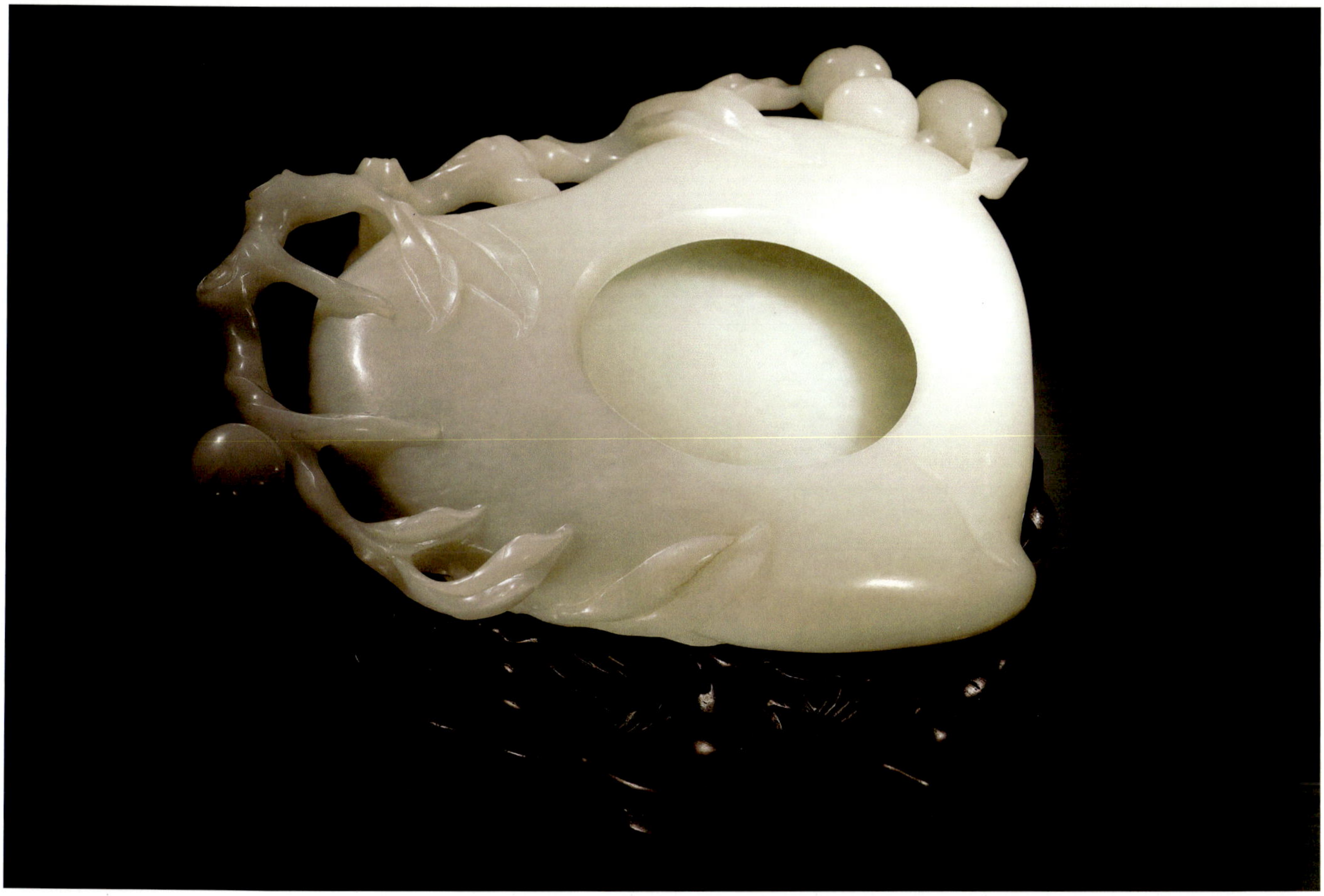

0253 清乾隆 白玉桃形洗
尺寸：长31cm
估价：RMB1,400,000-1,600,000
成交价：RMB1,568,000
2008-5-21 匡时国际

1623 清乾隆 玉河清海晏水洗
尺寸：长17.3cm；宽10.5cm；高5.8cm
估价：RMB150,000-200,000
成交价：RMB168,000
2008-5-11 北京翰海

1616 清乾隆 白玉福寿水洗
尺寸：长10.5cm；宽10.2cm；高6cm
估价：RMB300,000-380,000
成交价：RMB336,000
2008-5-11 北京翰海

1665 清乾隆 白玉一甲传胪笔舔
尺寸：长13.6cm；宽9.5cm；厚0.8cm
估价：RMB120,000-160,000
成交价：RMB134,400
2008-5-11 北京翰海

1901 清乾隆 白玉三多纸镇
尺寸：长4.8cm
估价：RMB48,000-60,000
成交价：RMB134,400
2008-5-11 北京翰海

1669 清乾隆 白玉仙寿一品水呈
尺寸：长8.5cm；宽8cm；高5.4cm
估价：RMB350,000-420,000
成交价：RMB392,000
2008-5-11 北京翰海

1482 清乾隆 双龙戏珠玉盏托
尺寸：长16.3cm
估价：RMB400,000-500,000
成交价：RMB504,000
2009-1-11 中贸圣佳

2604 18世纪 御制白玉雕菊米花纹茶壶

尺寸：宽18.5cm

估价：HKD2,000,000–3,000,000

成交价：HKD7,220,000

2008–12–3 香港佳士得

0235 清乾隆 白玉落花纹香盒
尺寸：长5.2cm
估价：RMB100,000-150,000
成交价：RMB156,800
2008-5-21 匡时国际

1845 清乾隆 鹤鹿同春
尺寸：长9.6cm
估价：RMB500,000-800,000
成交价：RMB560,000
2008-4-27 中国嘉德

0657 清乾隆 白玉痕都斯坦工嵌金镶宝双耳罐
尺寸：高11.8cm
估价：HKD1,500,000-1,800,000
成交价：HKD1,610,000
2008-5-28 香港长风

0234 清乾隆 白玉皮球花盖盒
尺寸：直径10.4cm
估价：RMB350,000-500,000
成交价：RMB504,000
2008-5-21 匡时国际

1123 清乾隆 痕玉雕菊瓣活环盆
尺寸：直径17cm
估价：RMB120,000-180,000
成交价：RMB143,000
2008-7-14 广东保利

0383 清乾隆 碧玉雕年年有余花耳洗

尺寸：长19.5cm

估价：RMB600,000-600,000

成交价：RMB902,000

2008-5-15 天津文物

1619 清乾隆 白玉杯

尺寸：高7cm；杯口外径8.4cm

估价：RMB480,000-550,000

成交价：RMB504,000

2008-5-11 北京翰海

0352 清乾隆 紫檀木卍字藏玉多宝盒

尺寸：长24.5cm；高4.8-7.0cm

估价：RMB900,000-1,200,000

成交价：RMB1,232,000

2008-6-7 中贸圣佳

0233 清乾隆 白玉香盒
尺寸：直径6.7cm
估价：RMB120,000-160,000
成交价：RMB224,000
2008-5-21 匡时国际

0019 清乾隆 白玉龙纹倭角盒
"乾隆年制"款
尺寸：5.2×7cm
估价：RMB600,000-700,000
成交价：RMB814,000
2008-7-27 辽宁中正

0367 清乾隆 白玉螃蟹
尺寸：长9cm
估价：RMB800,000-1,200,000
成交价：RMB896,000
2008-6-7 中贸圣佳

0342 清乾隆 白玉长寿托盘

“乾隆年制”四字二行篆书款

尺寸：直径17cm

估价：RMB1,200,000–1,800,000

成交价：RMB1,456,000

2008-6-7 中贸圣佳

0343 清乾隆 碧玉龙凤呈祥描金碗（一对）

“乾隆年制”四字两行楷书款

尺寸：直径15.5cm × 2

估价：RMB180,000–250,000

成交价：RMB526,400

2008-6-7 中贸圣佳

0341 清乾隆 碧玉嵌白玉博古纹宝盒

“乾隆年制”四字二行楷书款

尺寸：直径13cm

估价：RMB220,000–280,000

成交价：RMB313,600

2008-6-7 中贸圣佳

1969 清乾隆 黄玉夔龙纹扳指

尺寸：直径2.2cm

估价：RMB100,000-150,000

成交价：RMB145,600

2008-5-11 北京翰海

0900 清乾隆 白玉浸色御题诗文扳指

尺寸：直径2.4cm

估价：RMB80,000-80,000

成交价：RMB220,000

2008-11-7 天津文物

1971 清乾隆 白玉满文扳指

尺寸：直径1.8cm

估价：RMB180,000-220,000

成交价：RMB246,400

2008-5-11 北京翰海

1419 清乾隆 白玉夔龙纹扳指

"乾隆年制"篆书

尺寸：内直径1.9cm

估价：RMB90,000-120,000

成交价：RMB100,800

2008-5-11 北京翰海

1596 清乾隆 白玉龙纹环形珮

“乾隆”款

尺寸：高11.4cm

估价：RMB300,000–400,000

成交价：RMB336,000

2008–12–7 北京翰海

0143 清乾隆 白玉御题诗扳指盒盖

尺寸：长3cm

估价：RMB200,000–300,000

成交价：RMB224,000

2008–4–28 北京华辰

0214 清乾隆 羊脂白玉雕木兰从军诗文子冈牌

尺寸：高5cm

估价：RMB800,000–1,000,000

成交价：RMB1,064,000

2008–4–28 北京华辰

1643 清乾隆 白玉大吉天喜葫芦形对珮（二件）

尺寸：高7.4cm；宽4.8cm；厚0.5cm

估价：RMB120,000-180,000

成交价：RMB168,000

2008-5-11 北京翰海

1658 清乾隆 白玉竹爆平安珮

尺寸：长6cm；宽4.5cm；厚0.7cm

估价：RMB250,000-300,000

成交价：RMB358,400

2008-5-11 北京翰海

1644 清乾隆 白玉芝兰竞秀珮

尺寸：高7.3cm；宽5.3cm；厚0.6cm

估价：RMB250,000-300,000

成交价：RMB302,400

2008-5-11 北京翰海

1631 清乾隆 白玉文鸳并宿珮 白玉太平如意珮

尺寸：长8.5cm；宽5.8cm；厚0.6cm；长7.8cm；宽6.2cm；厚2.8cm

估价：RMB1,500,000-1,800,000

成交价：RMB2,464,000

2008-5-11 北京翰海

0172 清乾隆 苏作白玉珮

尺寸：高4.4cm

估价：RMB60,000-90,000

成交价：RMB106,400

2008-5-21 匡时国际

0212 清乾隆 白玉童子珮

尺寸：高5.5cm

估价：RMB150,000-250,000

成交价：RMB313,600

2008-5-21 匡时国际

1632 清乾隆 青白玉欢天喜地珮

尺寸：直径8cm；厚0.8cm

估价：RMB280,000-380,000

成交价：RMB425,600

2008-5-11 北京翰海

0175 清乾隆 黄玉夔龙珮
尺寸：高4.8cm
估价：RMB150,000-250,000
成交价：RMB369,600
2008-5-21 匡时国际

0179 清乾隆 白玉形珮
尺寸：高6.6cm
估价：RMB300,000-400,000
成交价：RMB336,000
2008-5-21 匡时国际

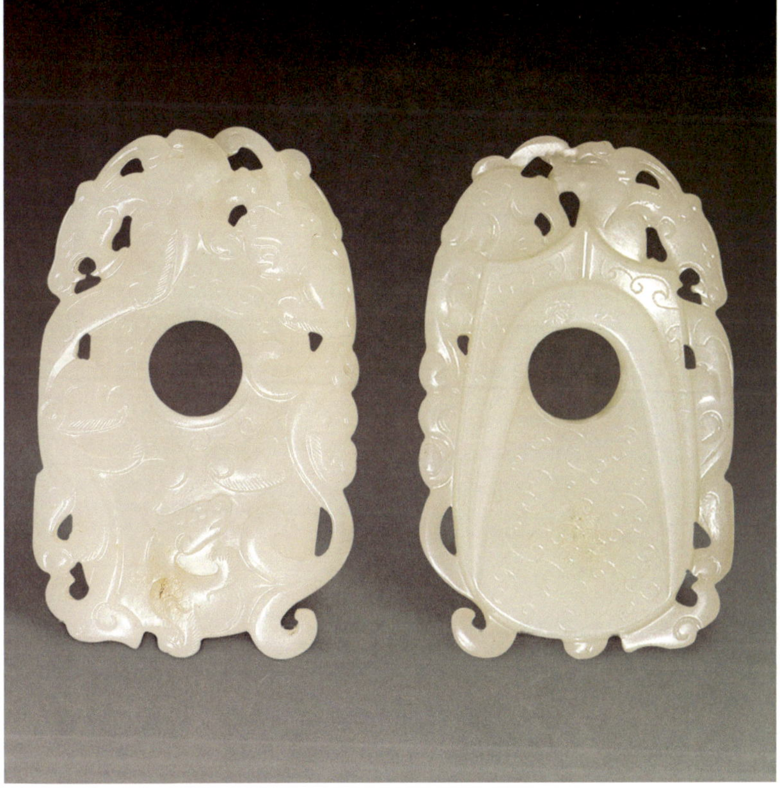

0214 清乾隆 白玉高士泛舟珮
尺寸：高4.4cm
估价：RMB60,000-90,000
成交价：RMB106,400
2008-5-21 匡时国际

0216 清乾隆 月下独钓珮
尺寸：高5cm
估价：RMB80,000-120,000
成交价：RMB151,200
2008-5-21 匡时国际

0237 清乾隆 白玉花形转心珮
尺寸：直径5.6cm
估价：RMB120,000－180,000
成交价：RMB201,600
2008－5－21 匡时国际

0241 清乾隆 白玉留皮巧作龙凤珮
尺寸：高5.2cm
估价：RMB150,000－200,000
成交价：RMB324,800
2008－5－21 匡时国际

1674 清乾隆 白玉三阳开泰带钩
尺寸：长9.5cm；宽2.3cm；厚2.6cm
估价：RMB80,000－120,000
成交价：RMB201,600
2008－5－11 北京翰海

2479 清乾隆 黑白玉巧雕牛生麒麟天下太平
尺寸：长4.5cm
估价：RMB400,000－600,000
成交价：RMB448,000
2008－12－6 北京保利

0245 清乾隆 白玉钟形珮
尺寸：高11.8cm
估价：RMB150,000-200,000
成交价：RMB207,200
2008-5-21 匡时国际

0183 清乾隆 白玉留皮荷塘清趣坠
尺寸：长5cm
估价：RMB120,000-150,000
成交价：RMB134,400
2008-5-21 匡时国际

0281 清乾隆 白玉凤珮
尺寸：长7.5cm
估价：RMB20,000-40,000
成交价：RMB100,800
2008-5-21 匡时国际

0618 清中期 白玉童戏图如意摆件
尺寸：长42.5cm
估价：HKD600,000-800,000
成交价：HKD667,000
2008-5-28 香港长风

0239 清乾隆 白玉瓜蝶坠
尺寸：高8cm
估价：RMB180,000-300,000
成交价：RMB392,000
2008-5-21 匡时国际

0249 清乾隆 巧作墨蝉玉兰花坠
尺寸：长4.6cm
估价：RMB100,000-130,000
成交价：RMB112,000
2008-5-21 匡时国际

0285 清乾隆 白玉双瓜坠
尺寸：长6.5cm
估价：RMB80,000-120,000
成交价：RMB123,200
2008-5-21 匡时国际

0276 清乾隆 白玉童子击鼓坠
尺寸：高4.7cm
估价：RMB50,000-80,000
成交价：RMB246,400
2008-5-21 匡时国际

1470 清 白玉南海观音立像
尺寸：高18.4cm
估价：RMB400,000−600,000
成交价：RMB728,000
2009−1−11 中贸圣佳

1469 清 白玉执莲观音立像
尺寸：高27.5cm
估价：RMB300,000−500,000
成交价：RMB504,000
2009−1−11 中贸圣佳

0810 清代 白玉雕福禄寿摆件
尺寸：高15.5cm
估价：RMB150,000−150,000
成交价：RMB187,000
2008−11−7 天津文物

0193 清中期 观世音菩萨像
尺寸：高23.2cm
估价：RMB500,000–700,000
成交价：RMB817,600
2008–5–21 匡时国际

1583 清中期 白玉送子观音
尺寸：高27.5cm
估价：RMB200,000–240,000
成交价：RMB224,000
2008–12–7 北京翰海

0194 清中期 白玉东方朔偷桃
尺寸：高17.3cm
估价：RMB400,000–500,000
成交价：RMB448,000
2008–5–21 匡时国际

0161 清中期 翡翠观音

尺寸：高68.5cm

估价：RMB7,000,000–9,000,000

成交价：RMB18,144,000

2008–5–21 匡时国际

0191 清中期 高士童子摆件

尺寸：高9.5cm；高9.7cm

估价：RMB180,000-250,000

成交价：RMB201,600

2008-5-21 匡时国际

1609 清 翠雕文殊菩萨

尺寸：直径3.8cm

估价：RMB300,000-350,000

成交价：RMB560,000

2008-12-7 北京翰海

0638 清中期 白玉仕女童子献寿瓶

尺寸：高30.5cm

估价：HKD2,000,000-2,600,000

成交价：HKD3,220,000

2008-5-28 香港长风

0856 清 白玉持法轮观音像
尺寸：高14.2cm
估价：RMB150,000–250,000
成交价：RMB246,400
2008–11–13 北京华辰

0980 清乾隆 白玉观音
尺寸：高30.3cm
估价：RMB1,500,000–1,800,000
成交价：RMB1,680,000
2008–12–8 匡时国际

0855 清 青玉雕观音坐像
尺寸：高25.5cm
估价：RMB250,000–350,000
成交价：RMB425,600
2008–11–13 北京华辰

0883 清 白玉东方朔偷桃摆件
尺寸：高17.5cm
估价：RMB250,000-350,000
成交价：RMB336,000
2008-11-13 北京华辰

0859 清 青玉达摩山子
尺寸：高14.5cm
估价：RMB250,000-350,000
成交价：RMB336,000
2008-11-13 北京华辰

0888 清代 白玉雕麻姑献寿纹摆件
尺寸：高14cm
估价：RMB180,000-180,000
成交价：RMB198,000
2008-11-7 天津文物

2283 清末 白玉南极仙翁骑鹿摆件
尺寸：高21.5cm
估价：RMB180,000–250,000
成交价：RMB201,600
2008–11–10 中国嘉德

0322 民国 白玉雕寿星
尺寸：高12.3cm
估价：RMB350,000–450,000
成交价：RMB380,000
2008–11–23 云南典藏

1490 清 黄玉兽面纹双耳簋
尺寸：长13.5cm
估价：RMB300,000–480,000
成交价：RMB470,400
2009–1–11 中贸圣佳

1489 清 白玉三足香炉
尺寸：高7.5cm
估价：RMB200,000–300,000
成交价：RMB336,000
2009–1–11 中贸圣佳

1488 清 青白玉螭龙方形笔筒
尺寸：高16.3cm
估价：RMB300,000-400,000
成交价：RMB616,000
2009-1-11 中贸圣佳

1907 清中期 玉透雕八宝花卉纹香熏
尺寸：直径18.4cm
估价：RMB150,000-200,000
成交价：RMB358,400
2008-5-11 北京翰海

1502 清中期 玉兽面双耳炉
尺寸：高10.4cm
估价：RMB800,000-1,000,000
成交价：RMB896,000
2008-12-7 北京翰海

1438 清中期 碧玉龙尾觥
尺寸：高11.7cm
估价：RMB40,000-50,000
成交价：RMB145,600
2008-12-7 北京翰海

1503 清中期 白玉海棠式四足薰炉
尺寸：长20.8cm；高15.5cm
估价：RMB900,000-1,100,000
成交价：RMB1,008,000
2008-12-7 北京翰海

2074 清中期 白玉龙首衔环三足盖炉
尺寸：高19cm
估价：RMB650,000-850,000
成交价：RMB728,000
2008-4-27 中国嘉德

1446 清中期 白玉雕龙纹兽耳四柱炉
尺寸：高10.8cm
估价：RMB200,000-300,000
成交价：RMB403,200
2008-5-11 北京翰海

2281 清 青白玉带皮仿古觥
尺寸：宽18.5cm
估价：RMB200,000－300,000
成交价：RMB224,000
2008-11-10 中国嘉德

1447 清中期 白玉龙纹出戟双耳香炉
尺寸：高12cm
估价：RMB600,000－800,000
成交价：RMB672,000
2008-5-11 北京翰海

0666 清 白玉双狮香熏
尺寸：高15.3cm
估价：HKD1,200,000－1,500,000
成交价：HKD1,955,000
2008-5-28 香港长风

0644 清 黄玉“乾清宫”款凤眼耳炉
尺寸：高5cm；直径10.8cm
估价：HKD600,000-800,000
成交价：HKD862,500
2008-5-28 香港长风

1501 清 白玉麒麟三鸠双联炉
尺寸：高9cm
估价：RMB160,000-180,000
成交价：RMB179,200
2008-12-7 北京翰海

1504 清 翡翠双狮衔环三足炉
尺寸：高14.6cm
估价：RMB300,000-350,000
成交价：RMB336,000
2008-12-7 北京翰海

0427 清 翡翠饕餮纹活耳香炉

尺寸：高19.3cm

估价：RMB150,000-180,000

成交价：RMB179,200

2008-12-19 广东保利

0805 清代 白玉雕龙纹四柱式双耳炉

尺寸：高12.5cm

估价：RMB300,000-300,000

成交价：RMB550,000

2008-11-7 天津文物

0941 清 青玉饕餮纹四方尊

尺寸：长17.6cm；高16cm

估价：RMB180,000-250,000

成交价：RMB212,800

2008-11-13 北京华辰

0425 清 白玉镂雕四季花卉纹香熏
尺寸：高16cm
估价：RMB1;800,000-1,800,000
成交价：RMB2,200,000
2008-5-15 天津文物

0830 清代 青白玉留皮雕云龙纹觥
尺寸：高17.5cm
估价：RMB160,000-160,000
成交价：RMB176,000
2008-11-7 天津文物

0320 清 白玉狮钮活环炉
尺寸：高10cm
估价：RMB350,000-450,000
成交价：RMB526,400
2008-6-7 中贸圣佳

0307 清 白玉雕八宝纹磬
尺寸：高23cm
估价：RMB150,000-250,000
成交价：RMB291,200
2008-6-7 中贸圣佳

0335 清 黄玉英雄和平摆件
尺寸：高15.7cm
估价：RMB1,300,000-1,800,000
成交价：RMB1,792,000
2008-6-7 中贸圣佳

0326 清 白玉山水赏瓶
尺寸：高20cm
估价：RMB120,000-180,000
成交价：RMB156,800
2008-6-7 中贸圣佳

0331 清 白玉花开富贵赏瓶
尺寸：高18cm
估价：RMB800,000－1,200,000
成交价：RMB873,600
2008－6－7 中贸圣佳

0325 清 白玉饕餮纹活环赏瓶
尺寸：高20cm
估价：RMB350,000－450,000
成交价：RMB268,800
2008－6－7 中贸圣佳

0333 清 白玉饕餮纹提梁卣
尺寸：高27.5cm
估价：RMB1,200,000－1,800,000
成交价：RMB1,680,000
2008－6－7 中贸圣佳

0889 清代 黑白玉雕龙耳兽面纹簋式炉
尺寸：高17cm
估价：RMB180,000-180,000
成交价：RMB231,000
2008-11-7 天津文物

1439 清 碧玉螭龙福寿合卺杯
尺寸：高12.3cm
估价：RMB380,000-450,000
成交价：RMB537,600
2008-12-7 北京翰海

0890 清代 青白玉镂雕牡丹纹香熏
尺寸：长16.5cm
估价：RMB180,000-180,000
成交价：RMB231,000
2008-11-7 天津文物

1498 清 青玉刘海戏蟾花插
尺寸：高13.7cm
估价：RMB300,000-500,000
成交价：RMB560,000
2009-1-11 中贸圣佳

0671 清中期 白玉凤凰牡丹盖瓶
尺寸：高25.3cm；宽15cm
估价：HKD800,000-1,000,000
成交价：HKD920,000
2008-5-28 香港长风

1493 清 白玉太狮少狮钮双龙耳活环扁瓶
尺寸：长30.5cm
估价：RMB1,800,000-2,800,000
成交价：RMB2,240,000
2009-1-11 中贸圣佳

1507 清中期 白玉龙凤双耳衔环盖瓶

尺寸：高19.7cm

估价：RMB300,000-350,000

成交价：RMB336,000

2008-12-7 北京翰海

0195 清中期 白玉群仙献瑞瓶

尺寸：高23.5cm

估价：RMB250,000-350,000

成交价：RMB392,000

2008-5-21 匡时国际

1504 清 白玉玉兰盆景 （一对）

尺寸：高49cm

估价：RMB800,000-1,200,000

成交价：RMB1,344,000

2009-1-11 中贸圣佳

0622 清中期 白玉凤纹提梁链条瓶
尺寸：高39.5cm
估价：HKD1,200,000-1,500,000
成交价：HKD1,322,500
2008-5-28 香港长风

1582 清中期 白玉童子洗象
尺寸：长3.7cm；高10.2cm
估价：RMB400,000-600,000
成交价：RMB448,000
2008-12-7 北京翰海

1505 清中期 翠雕兽面双耳盖瓶
尺寸：高32cm
估价：RMB4,000,000-5,000,000
成交价：RMB4,368,000
2008-12-7 北京翰海

1509 清中期 白玉兽面纹双耳衔环狮钮盖瓶
尺寸：高26.3cm
估价：RMB150,000-200,000
成交价：RMB156,800
2008-12-7 北京翰海

1508 清中期 白玉龙凤纹盖瓶
尺寸：高22cm
估价：RMB600,000-800,000
成交价：RMB694,400
2008-12-7 北京翰海

1510 清中期 白玉螭龙象耳衔环瓶
尺寸：高20.3cm
估价：RMB800,000-1,000,000
成交价：RMB896,000
2008-12-7 北京翰海

2146 清中期 白玉双夔凤耳瓶
尺寸：高14.6cm
估价：RMB220,000-320,000
成交价：RMB246,400
2008-11-10 中国嘉德

1506 清中期 白玉双龙耳瓶
尺寸：高14.5cm
估价：RMB300,000-350,000
成交价：RMB336,000
2008-12-7 北京翰海

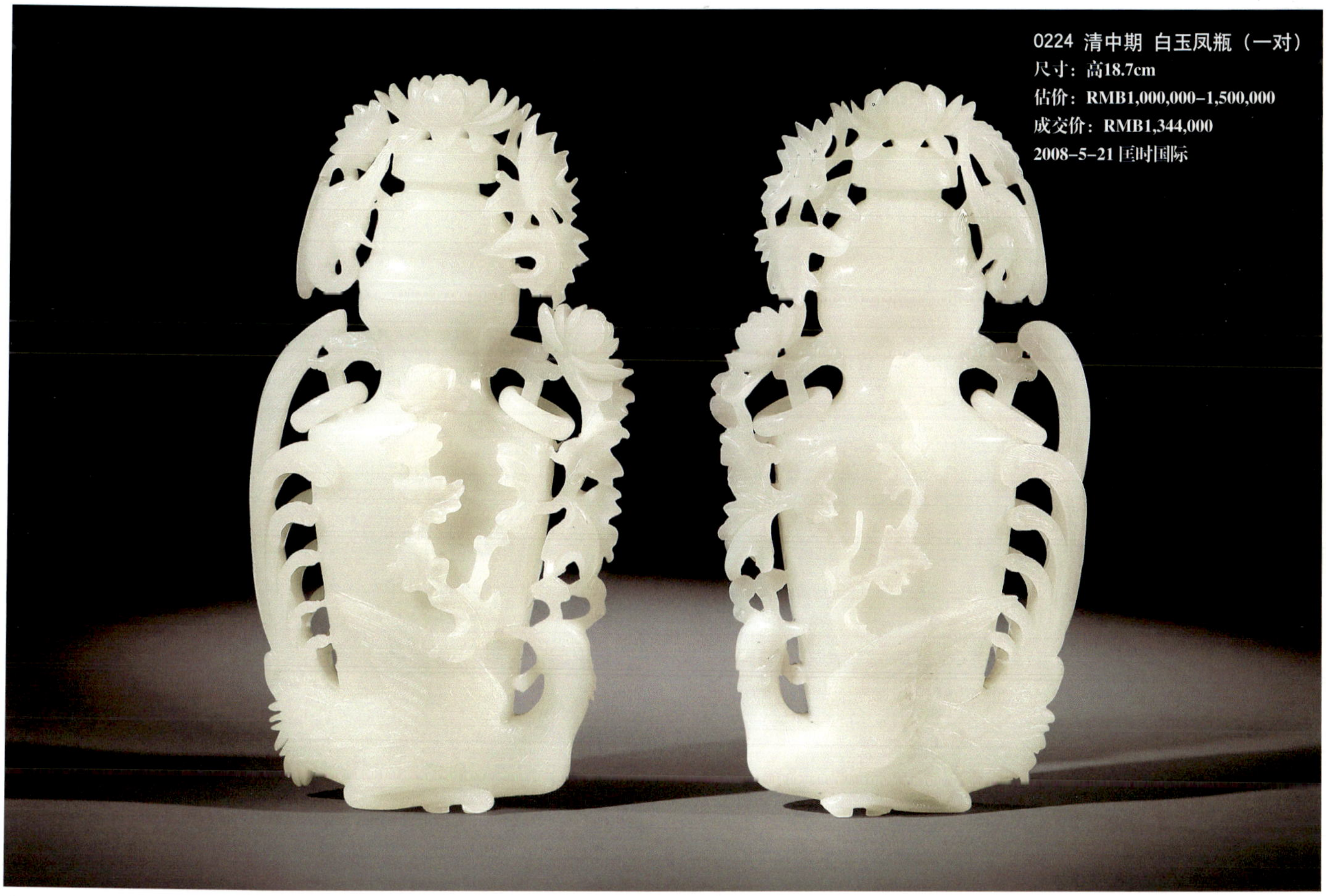

0224 清中期 白玉凤瓶（一对）
尺寸：高18.7cm
估价：RMB1,000,000-1,500,000
成交价：RMB1,344,000
2008-5-21 匡时国际

0668 清道光 白玉“道光年制”款盖瓶
尺寸：高29cm；宽13.5cm
估价：HKD1,000,000-1,300,000
成交价：HKD1,610,000
2008-5-28 香港长风

0804 清代 青白玉雕兽面纹兽耳衔环狮钮瓶
尺寸：高24.8cm
估价：RMB400,000-400,000
成交价：RMB528,000
2008-11-7 天津文物

1472 清 白玉凤纹辅耳盖瓶
尺寸：高7.6cm
估价：RMB90,000-120,000
成交价：RMB100,800
2008-5-11 北京翰海

1511 清 白玉西番莲盖壶
尺寸：高22.2cm
估价：RMB250,000-350,000
成交价：RMB268,800
2008-12-7 北京翰海

0400 清 水晶雕鱼衔灵芝云龙纹瓶
尺寸：高20.5cm
估价：RMB180,000-180,000
成交价：RMB198,000
2008-5-15 天津文物

0145 清 青王浮雕花鸟纹抱月瓶
尺寸：高17cm
估价：RMB200,000-250,000
成交价：RMB224,000
2008-4-28 北京华辰

0021 清 白玉喜上眉梢双耳杯
"大清嘉庆年制"款
尺寸：高4cm
估价：RMB150,000-180,000
成交价：RMB231,000
2008-7-27 辽宁中正

0231 19世纪 白玉双耳瓶
尺寸：高22.3cm
估价：RMB200,000-300,000
成交价：RMB313,600
2008-5-21 匡时国际

0406 清 青玉雕灵芝饕餮纹双耳瓶
尺寸：高12cm
估价：RMB120,000-120,000
成交价：RMB132,000
2008-5-15 天津文物

1496 清 翡翠龙凤纹双兽耳衔环盖瓶
尺寸：高24.5cm
估价：RMB300,000-450,000
成交价：RMB470,400
2009-1-11 中贸圣佳

0626 清 碧玉梅花盖瓶
尺寸：高24.5cm
估价：HKD300,000-400,000
成交价：HKD402,500
2008-5-28 香港长风

0658 清中期 白玉痕都斯坦工嵌金镶宝天球瓶
尺寸：高22.5cm
估价：HKD3,000,000-4,000,000
成交价：HKD6,900,000
2008-5-28 香港长风

1470 清中期 白玉山水楼阁插屏
尺寸：高19.4cm
估价：RMB380,000-450,000
成交价：RMB425,600
2008-5-11 北京翰海

1471 清 白玉仙人渡海插屏
尺寸：高14.1cm
估价：RMB180,000-250,000
成交价：RMB201,600
2008-5-11 北京翰海

1608 清中期 白玉大吉插屏
尺寸：高20.8cm；宽15.5cm；厚0.8cm
估价：RMB200,000-300,000
成交价：RMB280,000
2008-5-11 北京翰海

1260 清嘉庆 白玉芝兰竞秀御制诗砚屏
尺寸：高14.8cm
估价：RMB400,000-600,000
成交价：RMB448,000
2008-12-8 匡时国际

0144 清中期 青玉隐士炼丹图山子
尺寸：高15cm
估价：RMB380,000-450,000
成交价：RMB425,600
2008-4-28 北京华辰

0407 清 青白玉雕松山五老图山子
尺寸：长20cm
估价：RMB250,000-250,000
成交价：RMB275,000
2008-5-15 天津文物

1259 清嘉庆 白玉雕高士图御制诗砚屏
尺寸：高13.3cm
估价：RMB400,000-600,000
成交价：RMB649,600
2008-12-8 匡时国际

0337 清 白玉灵芝龙纹花插
尺寸：高17cm
估价：RMB250,000-350,000
成交价：RMB313,600
2008-6-7 中贸圣佳

0196 清中期 巧作鱼龙变化花插
尺寸：高11.7cm
估价：RMB150,000-220,000
成交价：RMB246,400
2008-5-21 匡时国际

1542 清中期 白玉童子戏鱼花插
尺寸：高12cm
估价：RMB600,000-800,000
成交价：RMB806,400
2008-12-7 北京翰海

1610 清 翠雕绶带鸟摆件（二件）
尺寸：直径3.8cm
估价：RMB600,000-700,000
成交价：RMB672,000
2008-12-7 北京翰海

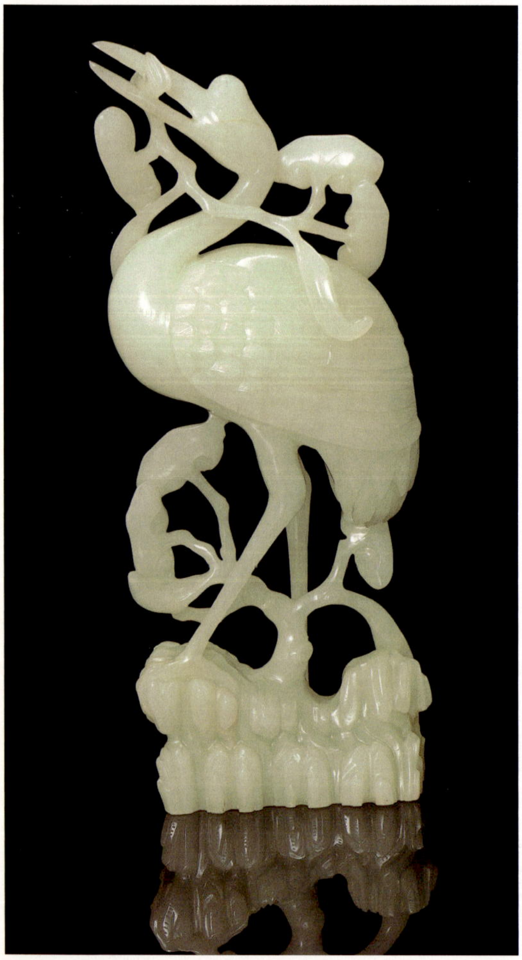

0940 清 白玉雕仙鹤灵芝摆件
尺寸：高22cm
估价：RMB400,000-500,000
成交价：RMB672,000
2008-11-13 北京华辰

1912 清 青玉雕玉兰花花插
尺寸：高24.1cm
估价：RMB50,000-70,000
成交价：RMB201,600
2008-5-11 北京翰海

0344 清 碧玉蕃莲纹镂花花薰
尺寸：高29.5cm
估价：RMB1,100,000–1,800,000
成交价：RMB1,299,200
2008-6-7 中贸圣佳

1481 清中期 白玉三足洗
尺寸：直径15cm
估价：RMB300,000–500,000
成交价：RMB504,000
2009-1-11 中贸圣佳

1480 清 白玉莲塘鸳鸯洗
尺寸：长21cm
估价：RMB300,000–400,000
成交价：RMB414,400
2009-1-11 中贸圣佳

1479 清 白玉梅花纹双联洗
尺寸：长23cm
估价：RMB200,000–300,000
成交价：RMB336,000
2009–1–11 中贸圣佳

2106 清中期 白玉灵芝水呈
尺寸：8.4×2cm
估价：RMB140,000–160,000
成交价：RMB156,800
2008–12–7 北京翰海

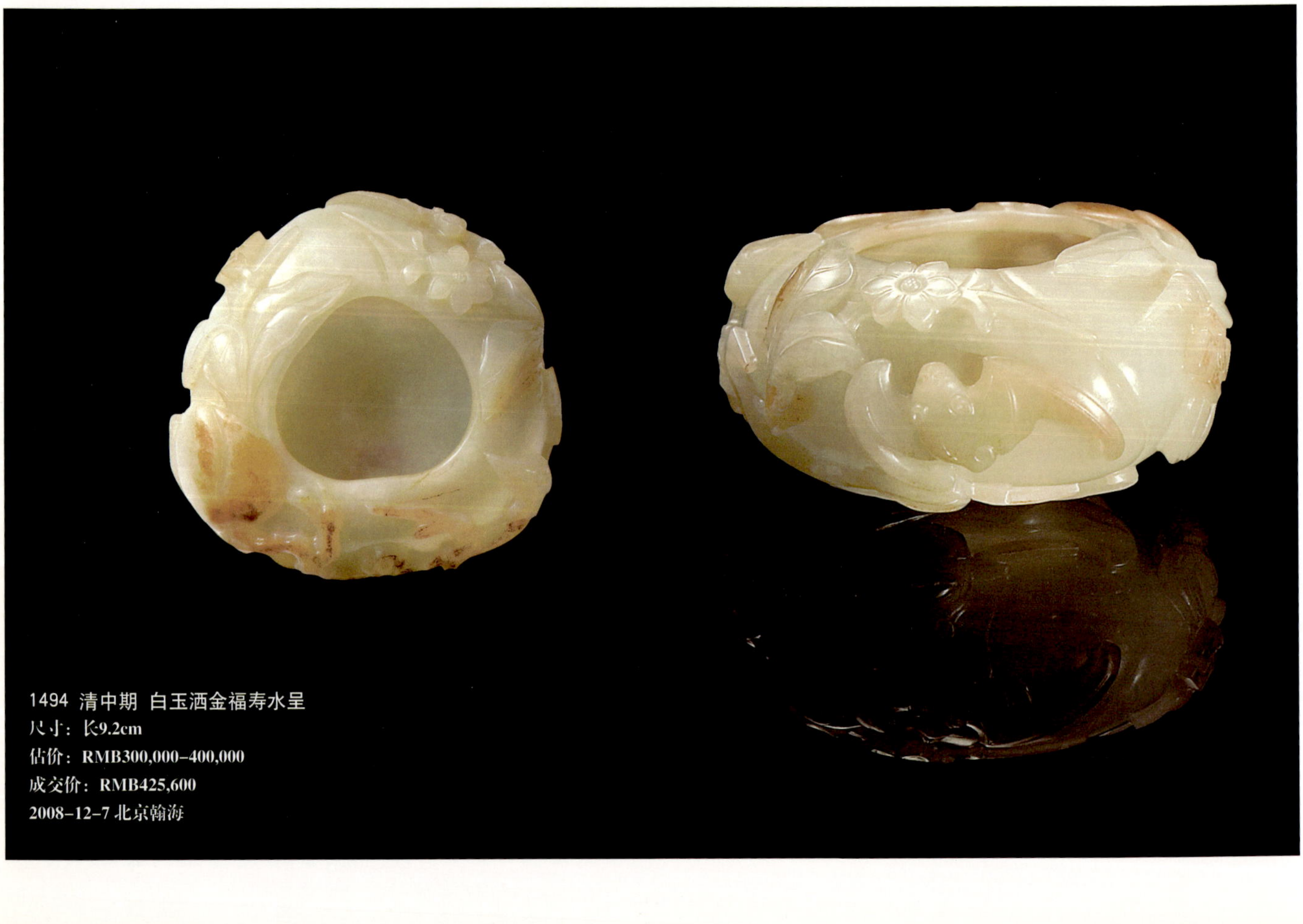

1494 清中期 白玉洒金福寿水呈
尺寸：长9.2cm
估价：RMB300,000–400,000
成交价：RMB425,600
2008–12–7 北京翰海

0831 清代 白玉雕童子戏水纹洗
尺寸：直径10.7cm
估价：RMB260,000-260,000
成交价：RMB297,000
2008-11-7 天津文物

0832 清代 白玉雕戏珠龙纹洗
尺寸：直径8.4cm
估价：RMB150,000-150,000
成交价：RMB330,000
2008-11-7 天津文物

0396 清 青白玉雕海棠形蝴蝶耳笔洗
尺寸：直径22cm
估价：RMB300,000-300,000
成交价：RMB321,000
2008-5-15 天津文物

0855 清代 白玉雕望子成龙纹洗
尺寸：长17.5cm
估价：RMB500,000-500,000
成交价：RMB550,000
2008-11-7 天津文物

0339 清 白玉夔龙纹如意足洗

尺寸：直径14.5cm

估价：RMB1,000,000-2,000,000

成交价：RMB1,097,600

2008-6-7 中贸圣佳

0856 清代 翡翠巧雕龙纹洗

尺寸：长14.2cm

估价：RMB250,000-250,000

成交价：RMB330,000

2008-11-7 天津文物

0338 清 白玉年年有余双耳洗

尺寸：长18cm

估价：RMB250,000-350,000

成交价：RMB280,000

2008-6-7 中贸圣佳

0160 清中期 白玉岁岁平安如意洗
尺寸：长9.5cm
估价：RMB160,000-180,000
成交价：RMB179,200
2008-4-28 北京华辰

0210 清中期 翡翠瓜形洗
尺寸：长21cm
估价：RMB150,000-200,000
成交价：RMB212,800
2008-5-21 匡时国际

1492 清 白玉福寿水呈
尺寸：长17.8cm；高7.5cm
估价：RMB280,000-350,000
成交价：RMB313,600
2008-12-7 北京翰海

1913 清中期 白玉雕凰首水注
尺寸：高9.4cm
估价：RMB160,000-200,000
成交价：RMB179,200
2008-5-11 北京翰海

1129 清道光 黄玉诗文梅花臂搁
尺寸：长10cm
估价：RMB60,000-80,000
成交价：RMB257,600
2008-12-8 匡时国际

0184 清中期 瑞兽纸镇
尺寸：高3.3cm
估价：RMB70,000-100,000
成交价：RMB112,000
2008-5-21 匡时国际

1497 清中期 白玉印盒
尺寸：直径5cm
估价：RMB120,000-160,000
成交价：RMB134,400
2008-12-7 北京翰海

1909 清中期 白玉灵芝花鸟纸镇
尺寸：长8cm
估价：RMB60,000-80,000
成交价：RMB201,600
2008-5-11 北京翰海

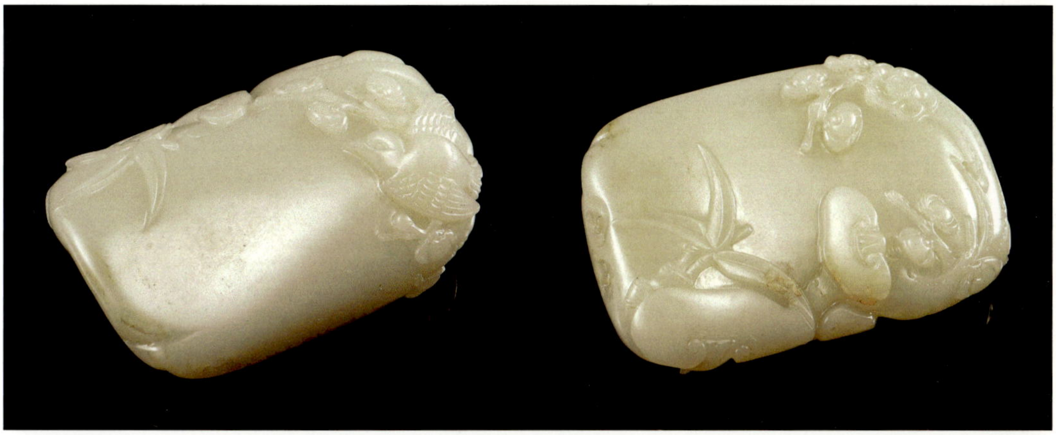

0130 清中期 青玉龙纹笔架
尺寸：长15.5cm
估价：RMB100,000-120,000
成交价：RMB112,000
2008-4-28 北京华辰

0272 清中期 白玉盘龙柱
尺寸：高7.7cm
估价：RMB80,000-120,000
成交价：RMB123,200
2008-5-21 匡时国际

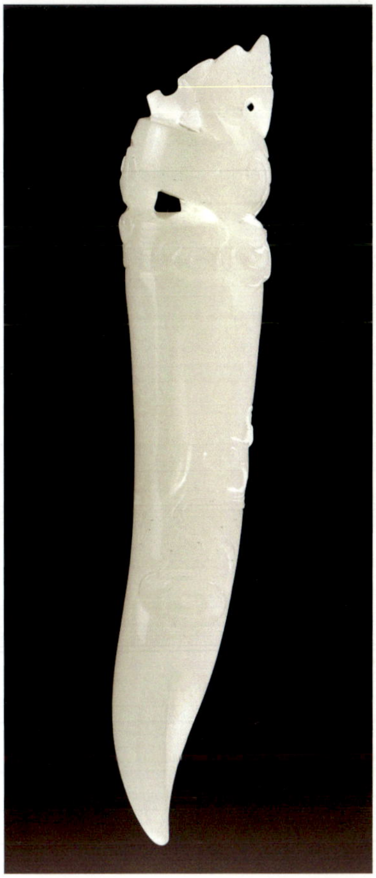

0665 清 羊脂白玉龙首觿
尺寸：长12.3cm
估价：HKD400,000-600,000
成交价：HKD690,000
2008-5-28 香港长风

1441 清中期 白玉笔筒
尺寸：高7.9cm
估价：RMB100,000-150,000
成交价：RMB112,000
2008-5-11 北京翰海

0834 清代 碧玉雕洗马图笔筒
尺寸：高18cm
估价：RMB400,000-400,000
成交价：RMB440,000
2008-11-7 天津文物

0364 清 黄玉布形洗
尺寸：长11cm
估价：RMB28,000-38,000
成交价：RMB313,600
2008-6-7 中贸圣佳

1499 清 碧玉孝穆圣成皇后之宝

印文：落孝穆温厚庄肃端诚恪惠宽钦孚天裕圣成皇后之宝

尺寸：13×13×11.5cm

估价：RMB3,000,000–5,000,000

成交价：RMB3,584,000

2009–1–11 中贸圣佳

0449 清乾隆 碧玉雕龙钮玉玺

印文：毓庆宫宝

尺寸：高12cm

估价：RMB350,000–500,000

成交价：RMB515,200

2008–3–9 云南典藏

0570 清道光 云龙钮玉玺

印文：慎静斋宝

尺寸：4×4×4cm

估价：RMB350,000–550,000

成交价：RMB392,000

2008–6–7 中贸圣佳

0558 清道光 玛瑙瑞兽钮孝穆圣成皇后之宝

印文：孝穆温厚庄肃端诚恪惠宽钦孚天裕圣成皇后之宝

尺寸：4.2×2.3×4.3cm

估价：RMB300,000-500,000

成交价：RMB336,000

2008-6-7 中贸圣佳

0916 青白玉螭虎纽小印章

尺寸：高3.2cm

估价：RMB20,000-25,000

成交价：RMB117,600

2008-11-13 北京华辰

1577 清 白玉福寿三镶如意

尺寸：长43.3cm

估价：RMB100,000-120,000

成交价：RMB112,000

2008-12-7 北京翰海

0853 清代 白玉雕人物纹三镶如意
尺寸：长52.5cm
估价：RMB 480,000-480,000
成交价：RMB528,000
2008-11-7 天津文物

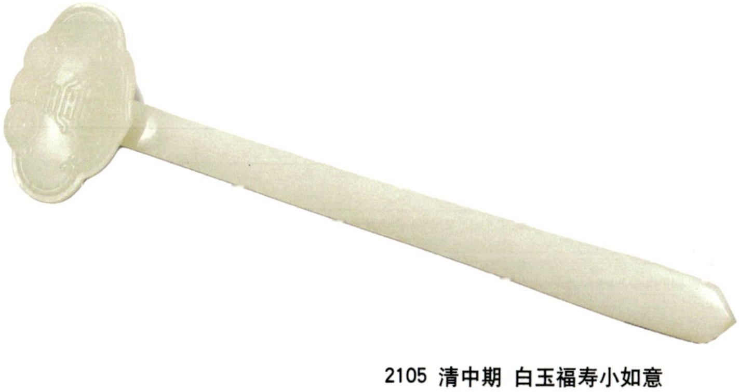

2105 清中期 白玉福寿小如意
尺寸：长17.7cm
估价：RMB30,000-50,000
成交价：RMB100,800
2008-12-7 北京翰海

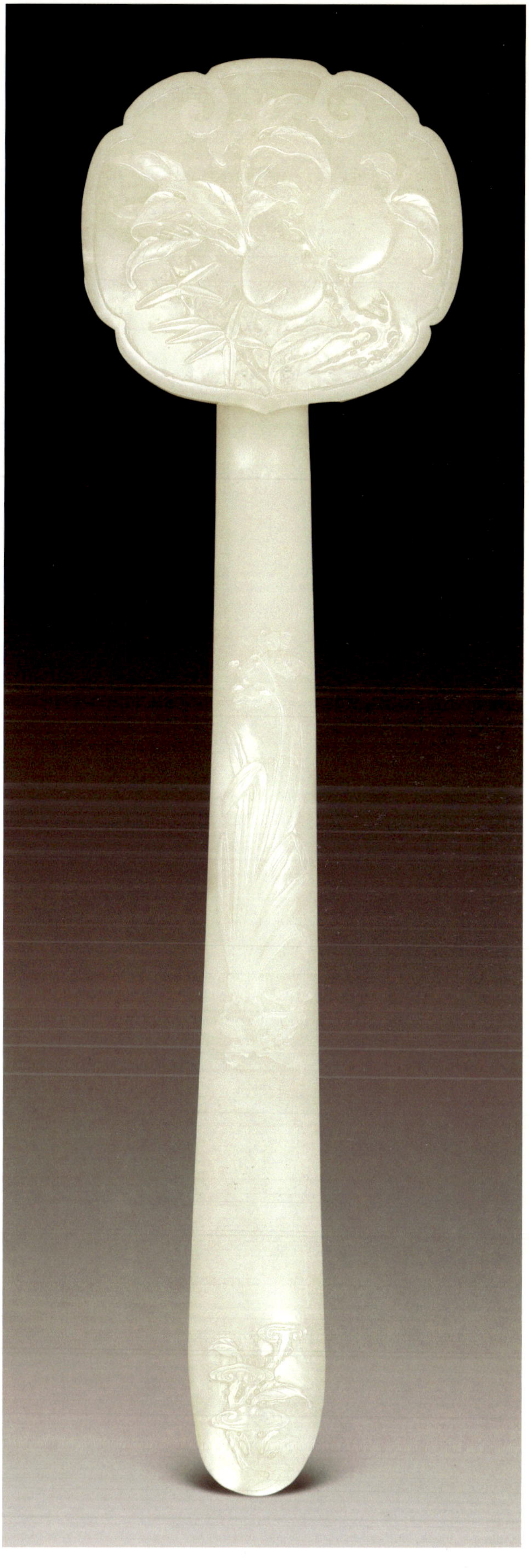

1503 清 白玉双寿纹如意
尺寸：长42.5cm
估价：RMB500,000-1,600,000
成交价：RMB1,064,000
2009-1-11 中贸圣佳

0378 清 黄玉骆驼
尺寸：长8.9cm
估价：RMB80,000−120,000
成交价：RMB168,000
2008-6-7 中贸圣佳

1461 清 白玉卧牛摆件
尺寸：长23cm
估价：RMB250,000−350,000
成交价：RMB336,000
2009-1-11 中贸圣佳

1462 清 白玉太狮少狮摆件
尺寸：长12.5cm
估价：RMB300,000−500,000
成交价：RMB448,000
2009-1-11 中贸圣佳

1460 清中期 白玉辟邪
尺寸：长5cm
估价：RMB40,000-60,000
成交价：RMB104,160
2008-12-7 北京翰海

0937 清代 白玉龙
尺寸：高8.4cm
估价：RMB100,000-100,000
成交价：RMB242,000
2008-11-7 天津文物

0374 清 白玉麒麟祥瑞暖手
尺寸：长7.5cm
估价：RMB280,000-380,000
成交价：RMB313,600
2008-6-7 中贸圣佳

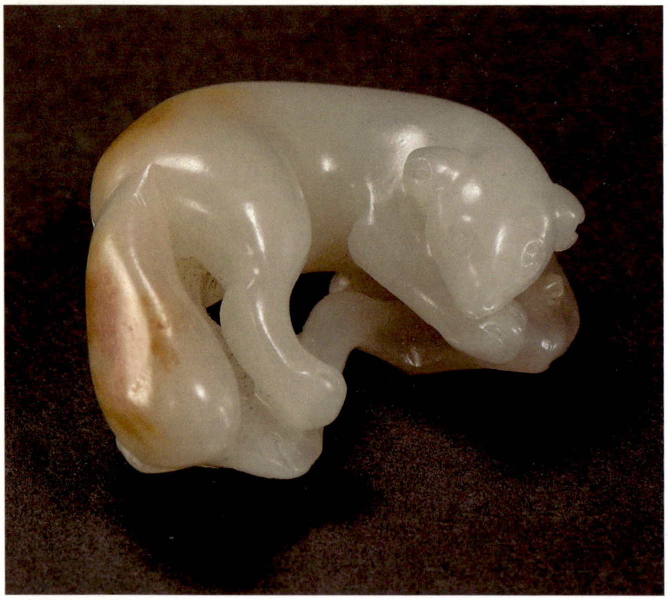

1816 清代 松鼠
尺寸：长4.9cm
估价：RMB150,000-200,000
成交价：RMB224,000
2008-4-27 中国嘉德

0157 清中期 籽玉圆雕卧凤
尺寸：高5cm
估价：RMB60,000-80,000
成交价：RMB109,760
2008-4-28 北京华辰

1611 清中期 白玉狮子戏球摆件
尺寸：长6.5cm；宽4.8cm；高5cm
估价：RMB100,000-150,000
成交价：RMB168,000
2008-5-11 北京翰海

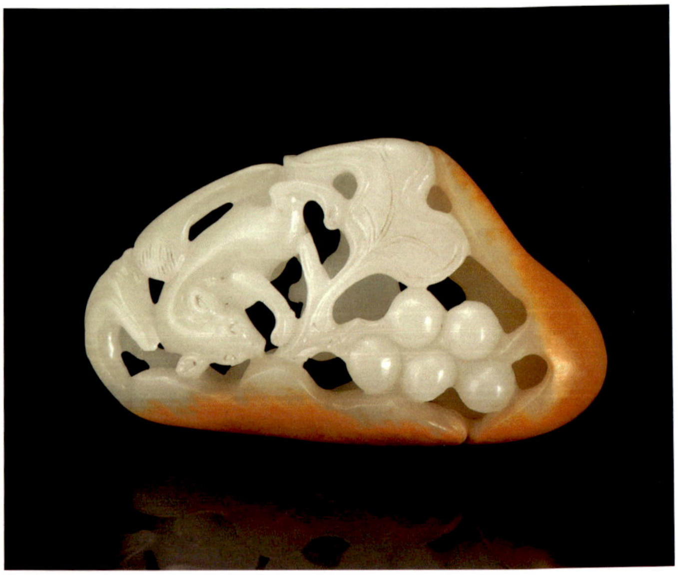

1421 清中期 白玉留皮松鼠葡萄
尺寸：高6.3cm
估价：RMB20,000-30,000
成交价：RMB61,600
2008-12-7 北京翰海

1448 清 白玉童子戏鹅
尺寸：长12.2cm
估价：RMB18,000–28,000
成交价：RMB100,800
2008-5-11 北京翰海

1541 清中期 白玉双鹤
尺寸：高10.8cm
估价：RMB300,000–500,000
成交价：RMB380,800
2008-12-7 北京翰海

1454 清中期 白玉鸭
尺寸：高23cm
估价：RMB900,000–1,200,000
成交价：RMB1,008,000
2008-5-11 北京翰海

1606 清中期 白玉螃蟹
尺寸：10.4×8cm
估价：RMB180,000-250,000
成交价：RMB224,000
2008-12-7 北京翰海

1453 清中期 白玉蟾蜍
尺寸：长6.3cm
估价：RMB200,000-300,000
成交价：RMB336,000
2008-5-11 北京翰海

1667 清中期 白玉菊蟹笔搁
尺寸：长16cm；宽8.5cm；厚3cm
估价：RMB180,000-220,000
成交价：RMB201,600
2008-5-11 北京翰海

1449 清中期 玉雕连年有余

尺寸：长8.9cm

估价：RMB90,000-120,000

成交价：RMB134,400

2008-5-11 北京翰海

1444 清中期 白玉佛手

尺寸：长8.6cm

估价：RMB500,000-700,000

成交价：RMB560,000

2008-12-7 北京翰海

1638 清中期 白玉荷塘春意摆件

尺寸：长10.3cm；高6.8cm；宽3cm

估价：RMB120,000-180,000

成交价：RMB190,400

2008-5-11 北京翰海

1413 清中期 白玉吉庆有余

尺寸：长6cm

估价：RMB100,000-150,000

成交价：RMB112,000

2008-5-11 北京翰海

0313 清 白玉南极仙翁暖手
尺寸：高7.5cm
估价：RMB250,000-350,000
成交价：RMB280,000
2008-6-7 中贸圣佳

0947 清代 白玉留皮雕莲蓬摆件
尺寸：7cm
估价：RMB60,000-60,000
成交价：RMB231,000
2008-11-7 天津文物

0398 清 白玉留皮雕秋叶草虫纹摆件
尺寸：长8cm
估价：RMB30,000-30,000
成交价：RMB132,000
2008-5-15 天津文物

0395 清 白玉雕福寿双全摆件
尺寸：长19cm
估价：RMB250,000-250,000
成交价：RMB275,000
2008-5-15 天津文物

1587 清中期 白玉螭龙带钩
尺寸：长13cm
估价：RMB40,000-60,000
成交价：RMB56,000
2008-12-7 北京翰海

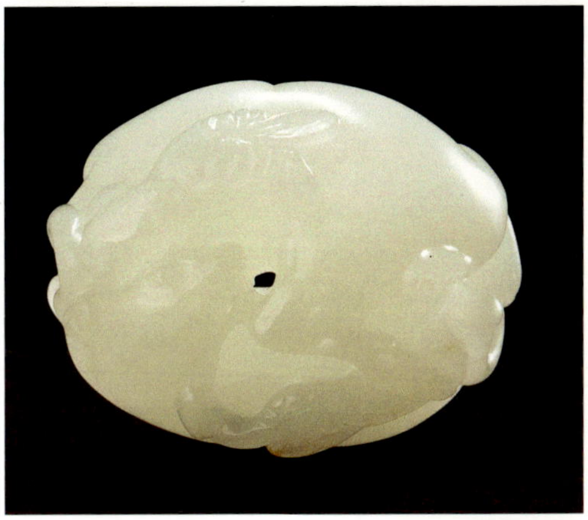

0158 清中期 白玉双欢
尺寸：长5cm
估价：RMB150,000-180,000
成交价：RMB168,000
2008-4-28 北京华辰

0250 清中期 黑白玉太狮少狮坠
尺寸：长4.8cm
估价：RMB150,000-220,000
成交价：RMB224,000
2008-5-21 匡时国际

1617 清早期 白玉螭龙衔芝玉璧
尺寸：直径7.5cm；厚1.8cm
估价：RMB60,000-80,000
成交价：RMB109,760
2008-5-11 北京翰海

1417 清中期 白玉留皮双螭韘形珮
尺寸：高6.3cm
估价：RMB20,000-30,000
成交价：RMB58,240
2008-12-7 北京翰海

0181 清中期 白玉斧形珮
尺寸： 高5.5cm
估价：RMB120,000-150,000
成交价：RMB179,200
2008-5-21 匡时国际

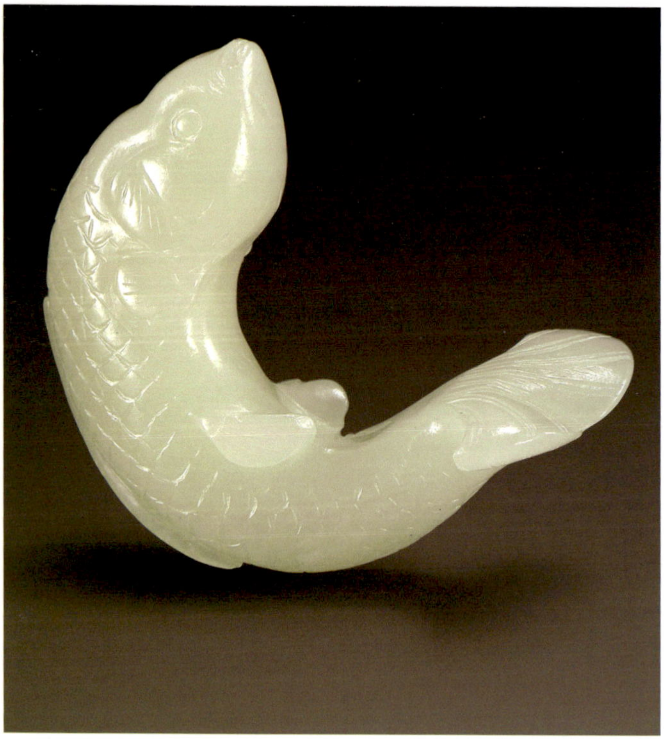

1601 清中期 白玉鲤跃龙门坠
尺寸：长4.2cm；高3cm；厚1cm
估价：RMB60,000-80,000
成交价：RMB109,760
2008-5-11 北京翰海

1604 清中期 白玉刘海戏蟾珮
尺寸：高7cm
估价：RMB60,000-80,000
成交价：RMB67,200
2008-12-7 北京翰海

1477 清中期 白玉寿山福海珮
尺寸：直径5.2cm
估价：RMB50,000–70,000
成交价：RMB117,600
2008–12–7 北京翰海

2080 清中期 白玉青铜纹饰牌
尺寸：7.5×4.8cm
估价：RMB150,000–200,000
成交价：RMB168,000
2008–4–27 中国嘉德

2070 清中期 福禄呈祥白玉牌
尺寸：5.5×5.1cm
估价：RMB600,000–800,000
成交价：RMB123,200
2008–4–27 中国嘉德

1426 清中期 白玉斋戒葫芦珮
尺寸：高/cm
估价：RMB180,000–250,000
成交价：RMB201,600
2008–5–11 北京翰海

1427 清中期 黄玉天干地支珮
尺寸：高6.7cm
估价：RMB120,000-160,000
成交价：RMB156,800
2008-5-11 北京翰海

1544 清中期 黄玉万象图春珮
尺寸：高4.8cm
估价：RMB18,000-25,000
成交价：RMB67,200
2008-12-7 北京翰海

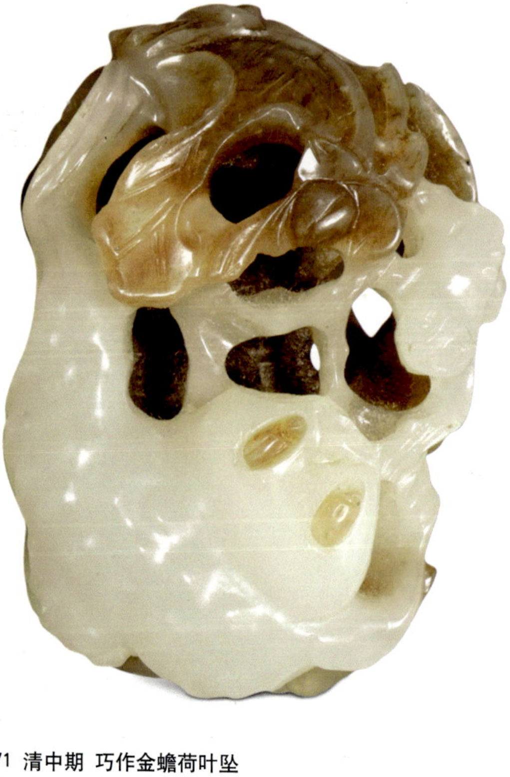

0271 清中期 巧作金蟾荷叶坠
尺寸： 长4.8cm
估价：RMB80,000-120,000
成交价：RMB123,200
2008-5-21 匡时国际

1469 清 白玉葫芦大吉珮
尺寸：高7cm
估价：RMB35,000-45,000
成交价：RMB128,800
2008-12-7 北京翰海

0944 清代 白玉留皮透雕瑞兽神禽纹斧形珮

尺寸：6.5cm

估价：RMB180,000-180,000

成交价：RMB605,000

2008-11-7 天津文物

0306 清 白玉司马光砸缸牌

尺寸：长7cm

估价：RMB300,000-400,000

成交价：RMB336,000

2008-6-7 中贸圣佳

1649 白玉瑞兽（十件）

尺寸：长9cm 宽4.7cm 高7.5cm；长9.3cm 宽6.2cm 高7cm；长11.4cm 宽4.5cm 高4.3cm；长8.8cm 宽3.5cm 高6.2cm；长8.8cm 宽6.7cm 高5.1cm；长7.8cm 宽6.8cm 高4.3cm；长8cm 宽6cm 厚3.5cm；长9cm 宽4.8cm 高3.7cm；长8.5cm 宽6.7cm 高4.5cm；长7.3cm 宽5.8cm 高4cm

估价：RMB3,000,000-3,800,000

成交价：RMB3,920,000

2008-5-11 北京翰海

1482 清 白玉甲子珮

尺寸：高6.8cm

估价：RMB25,000-35,000

成交价：RMB 112,000

2008-12-7 北京翰海

1479 清 白玉无双谱珮

尺寸：高4.6cm

估价：RMB60,000-80,000

成交价：RMB109,760

2008-12-7 北京翰海

1472 清 白玉进爵珮

尺寸：高6cm

估价：RMB20,000-30,000

成交价：RMB324,800

2008-12-7 北京翰海

0201 清嘉庆 黄玉饕餮纹扳指

尺寸：高2.2cm

估价：RMB80,000-120,000

成交价：RMB448,000

2008-5-21 匡时国际

0962 清中期 翡翠凤纹提梁壶
尺寸：高29.5cm
估价：RMB5,500,000–6,500,000
成交价：RMB5,600,000
2008–12–8 |匡时|国际

1517 清中期 翠手镯
尺寸：直径3.8cm
估价：RMB150,000-200,000
成交价：RMB179,200
2008-12-7 北京翰海

1516 清中期 翠手镯
尺寸：直径3.8cm
估价：RMB160,000-200,000
成交价：RMB168,000
2008-12-7 北京翰海

0204 清中期 白玉梵文环
尺寸：直径4.8cm
估价：RMB50,000-70,000
成交价：RMB112,000
2008-5-21 匡时国际

0868 清嘉庆 青白玉佛八宝纹碗
尺寸：直径15cm
估价：RMB300,000-400,000
成交价：RMB392,000
2008-11-13 北京华辰

0227 清中期 白玉执壶
尺寸：高12.5cm
估价：RMB150,000-200,000
成交价：RMB201,600
2008-5-21 匡时国际

1514 清中期 白玉碗
尺寸：直径14.3cm
估价：RMB250,000-350,000
成交价：RMB280,000
2008-12-7 北京翰海

1494 清 痕都斯坦连座玉执壶
尺寸：长19cm
估价：RMB1,200,000-1,800,000
成交价：RMB2,912,000
2009-1-11 中贸圣佳

2254 晚清 翠玉雕饕餮纹龙耳活环方鼎
尺寸：高28cm
估价：HKD5,000,000-7,000,000
成交价：HKD5,780,000
2008-12-3 香港佳士得

0215 清乾隆 白玉梅瓶形烟壶
尺寸：高8.8cm
估价：HKD150,000-250,000
成交价：HKD264,500
2008-5-28 香港长风

2274 清中期 白玉鼻烟壶
尺寸：高7cm
估价：RMB100,000-150,000
成交价：RMB112,000
2008-5-11 北京翰海

2275 清乾隆 白玉鼻烟壶
尺寸：高7.3cm
估价：RMB100,000-150,000
成交价：RMB117,600
2008-5-11 北京翰海

2277 清中期 白玉洒金松鹤延年鼻烟壶
尺寸：高6.1cm
估价：RMB30,000-50,000
成交价：RMB106,400
2008-5-11 北京翰海

0217 清中期 白玉勾连纹烟壶
尺寸：高7.3cm
估价：HKD60,000-90,000
成交价：HKD138,000
2008-5-28 香港长风

0218 清 黄玉抱月瓶烟壶
尺寸：高5cm
估价：HKD30,000-50,000
成交价：HKD149,500
2008-5-28 香港长风

0219 清乾隆 白玉素烟壶
尺寸：高5.2cm
估价：HKD50,000-80,000
成交价：HKD149,500
2008-5-28 香港长风

0239 清中期 墨玉巧雕鼻烟壶一组（三件）
尺寸：高8.5cm；高8.1cm；高7.9cm
估价：HKD100,000-150,000
成交价：HKD368,000
2008-5-28 香港长风

0295 清乾隆 白玉磨花八棱烟壶

"乾隆年制"四字双行仿宋款

尺寸：高7.5cm

估价：HKD200,000-300,000

成交价：HKD437,000

2008-5-28 香港长风

0253 马少宣作水晶内画张謇肖像鼻烟壶

尺寸：高6.1cm

估价：USD 120,000-140,000

成交价：USD109,000

2008-3-19 纽约佳士得

0288 清乾隆 白玉崇德修慝烟壶
"崇德修慝"、"乾隆年制"篆书款
尺寸：高8.5cm
估价：HKD200,000-300,000
成交价：HKD874,000
2008-5-28 香港长风

0246 御制翡翠富贵好合鼻烟壶
尺寸：5.8 cm
估价：USD 80,000-120,000
成交价：USD217,000
2008-3-19 纽约佳士得

0289 清 白玉人物故事烟壶
尺寸：高7.1cm
估价：HKD100,000-150,000
成交价：HKD322,000
2008-5-28 香港长风

0832 翡翠雕《生生不息》
尺寸：16.5×10.5×26.5cm
估价：RMB330,000-530,000
成交价：RMB728,000
2008-12-6 北京翰海

1293 高翠戒指
尺寸：手寸18mm；重量21g
估价：RMB360,000-460,000
成交价：RMB374,000
2008-7-14 广东保利

0954 现代 翠雕双双叫财摆件
尺寸：长18cm
估价：RMB180,000-180,000
成交价：RMB198,000
2008-11-7 天津文物

1287 翡翠珠链

尺寸：珠粒直径9-11mm

估价：RMB1,300,000-2,300,000

成交价：RMB1,254,000

2008-7-14 广东保利

1294 翡翠珠链

尺寸：珠粒直径12-14mm；长度62.0cm；重量180g

估价：RMB1,100,000-2,100,000

成交价：RMB1,276,000

2008-7-14 广东保利

1296 高翠手镯

尺寸：52×8×8mm；重33g

估价：RMB560,000-660,000

成交价：RMB616,000

2008-7-14 广东保利

1298 翡翠雕花手镯（一对）

尺寸：55×11×6mm、56×10×6mm；重41g、35.7g

估价：RMB230,000-330,000

成交价：RMB253,000

2008-7-14 广东保利

1282 高翠观音

尺寸：58×29×10mm；27g

估价：RMB280,000-380,000

成交价：RMB308,000

2008-7-14 广东保利

0627 翡翠观音

尺寸：52×37×11mm；重37g

估价：RMB480,000-580,000

成交价：RMB470,400

2008-12-19 广东保利

0629 高翠套装

尺寸：项链重90.7g；长730.0mm；手链重28.7g；长245.0mm；胸针重4.6g；32×27×5mm；耳环重4.8g；19×9×9mm；环重4.9g；环18.5mm

估价：RMB2,300,000-3,300,000

成交价：RMB2,128,000

2008-12-19 广东保利

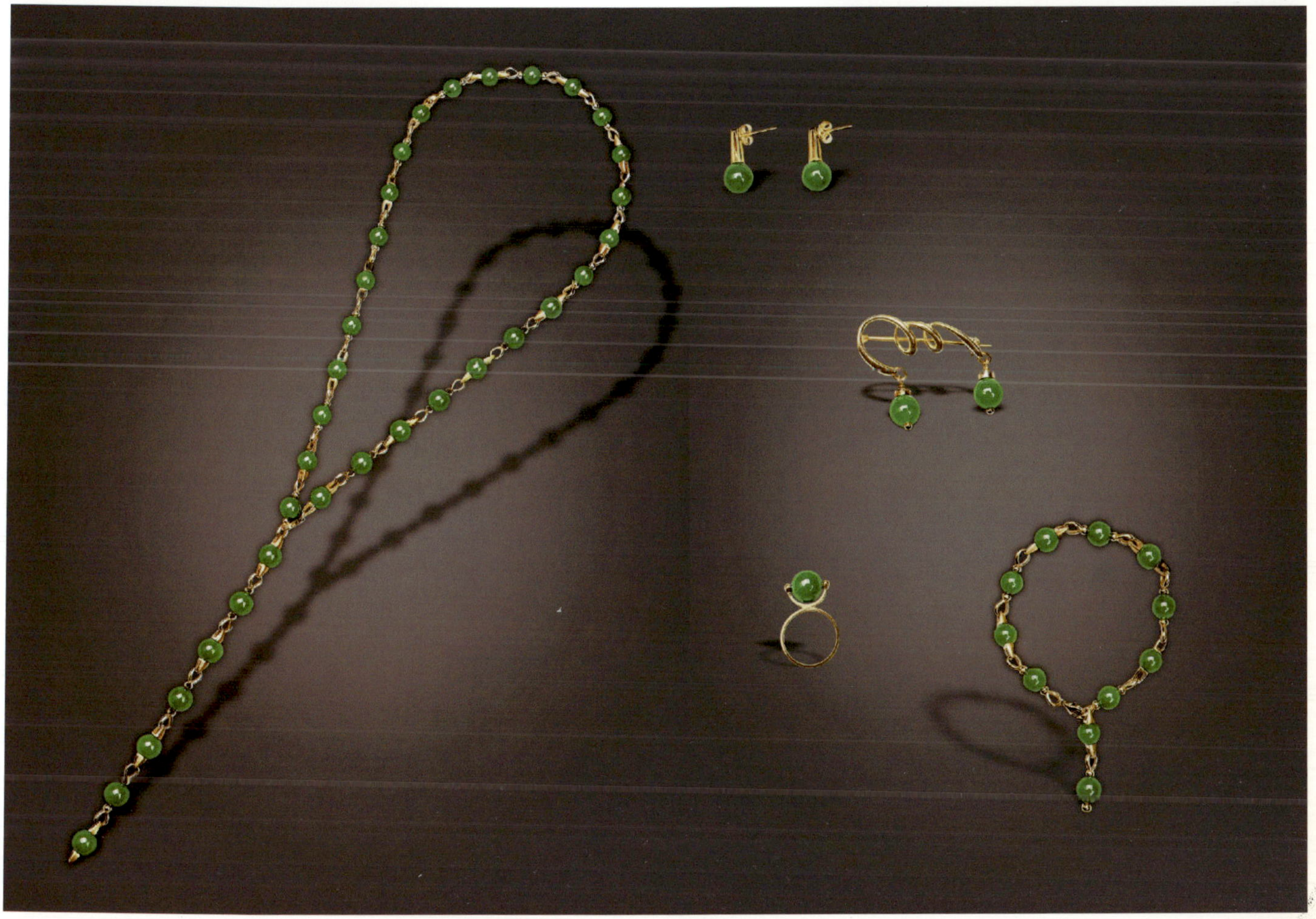

0637 三彩翡翠称心如意雕件

尺寸：235×219×109mm；重1400g

估价：RMB440,000–550,000

成交价：RMB436,800

2008–12–19 广东保利

0639 翡翠六合同春雕件

尺寸：160×160×105mm；重3100g

估价：RMB1,600,000–1,900,000

成交价：RMB1,512,000

2008–12–19 广东保利

0640 春带彩翡翠茶具套装

尺寸：茶壶重300.3g；130×90×65mm；茶杯重27.6–33.4g；30×30×30mm；烟灰缸重600g；120×50×10mm

估价：RMB440,000–550,000

成交价：RMB425,600

2008–12–19 广东保利

0644 红宝玫瑰花雕件

尺寸：105×85×50mm；重480g

估价：RMB600,000–800,000

成交价：RMB616,000

2008–12–19 广东保利

1912 《桃花源记》寿山田黄石章
尺寸：高6.3cm；重271克
款识：桃花源 文举
估价：RMB2,600,000–3,200,000
成交价：RMB3,136,000
2008–11–10 中国嘉德

1262 寿山银包金田黄《皆大欢喜》
重量：28g
估价：RMB120,000–130,000
成交价：RMB126,500
2008–7–14 广东保利

0051 鹿目田黄石雕唐观音造像
尺寸：高10cm
估价：RMB160,000–200,000
成交价：RMB179,200
2008–12–6 北京翰海

1254 寿山田黄《群贤野逸图》
重量：600g
估价：RMB800,000-1,000,000
成交价：RMB880,000
2008-7-14 广东保利

1257 寿山田黄《节节高》
重量：23g
估价：RMB120,000-125,000
成交价：RMB132,000
2008-7-14 广东保利

1258 寿山田黄《高士图》
重量：49.6g
估价：RMB260,000-280,000
成交价：RMB286,000
2008-7-14 广东保利

1260 寿山田黄《雪山集景》
重量：101g
估价：RMB1,500,000–1,600,000
成交价：RMB1,595,000
2008–7–14 广东保利

1263 寿山田黄《观音》
重量：25g
估价：RMB180,000–190,000
成交价：RMB198,000
2008–7–14 广东保利

1253 薄意罗汉田黄章
尺寸：高4.4cm
估价：RMB100,000–150,000
成交价：RMB110,000
2008–7–14 广东保利

1261 寿山田黄《福在眼前》
重量：90g
估价：RMB1,150,000−1,200,000
成交价：RMB1,210,000
2008-7-14 广东保利

1255 寿山田黄 《岁寒三友》
重量：60.2g
估价：RMB330,000−350,000
成交价：RMB385,000
2008-7-14 广东保利

1268 寿山田黄《山居图》
重量：58g
估价：RMB300,000−320,000
成交价：RMB330,000
2008-7-14 广东保利

1266 寿山田黄《故乡吟》
重量：110g
估价：RMB1,800,000-1,900,000
成交价：RMB1,980,000
2008-7-14 广东保利

0578 寿山乌鸦皮田黄《泛舟》
重量：29.2g
估价：RMB120,000-150,000
成交价：RMB160,160
2008-12-19 广东保利

0571 寿山田黄《苏武牧羊图》
重量：78g
估价：RMB150,000-180,000
成交价：RMB156,800
2008-12-19 广东保利

0587 寿山田黄《山中所见》
重量：132.8g
估价：RMB1,400,000-1,800,000
成交价：RMB1,288,000
2008-12-19 广东保利

1267 寿山田黄《红叶双雀》
重量：48g
估价：RMB250,000-260,000
成交价：RMB264,000
2008-7-14 广东保利

1269 寿山田黄《渔樵耕读》
重量：73g
估价：RMB538,000-550,000
成交价：RMB572,000
2008-7-14 广东保利

0579 寿山田黄《大地回春》
重量：238g
估价：RMB600,000-700,000
成交价：RMB672,000
2008-12-19 广东保利

0576 寿山田黄《苏武牧羊》
重量：138g
估价：RMB600,000-800,000
成交价：RMB672,000
2008-12-19 广东保利

0572 寿山田黄《群贤雅集》
重量：150g
估价：RMB380,000-450,000
成交价：RMB403,200
2008-12-19 广东保利

0597 寿山田黄《山居偶见》
重量：193g
估价：RMB1,600,000−1,800,000
成交价：RMB1,792,000
2008−12−19 广东保利

0592 寿山田黄《知足常乐》
重量：48g
估价：RMB220,000−280,000
成交价：RMB268,800
2008−12−19 广东保利

0586 寿山坑头天然冻石《鳌龙龟》
尺寸：7.5×4×8cm
估价：RMB100,000−120,000
成交价：RMB112,000
2008−12−19 广东保利

0610 寿山田黄《秋兴》
重量：90g
估价：RMB850,000-950,000
成交价：RMB952,000
2008-12-19 广东保利

0575 寿山水洞高山石《梅鹊争春》
尺寸：20×8×23cm
估价：RMB150,000-180,000
成交价：RMB168,000
2008-12-19 广东保利

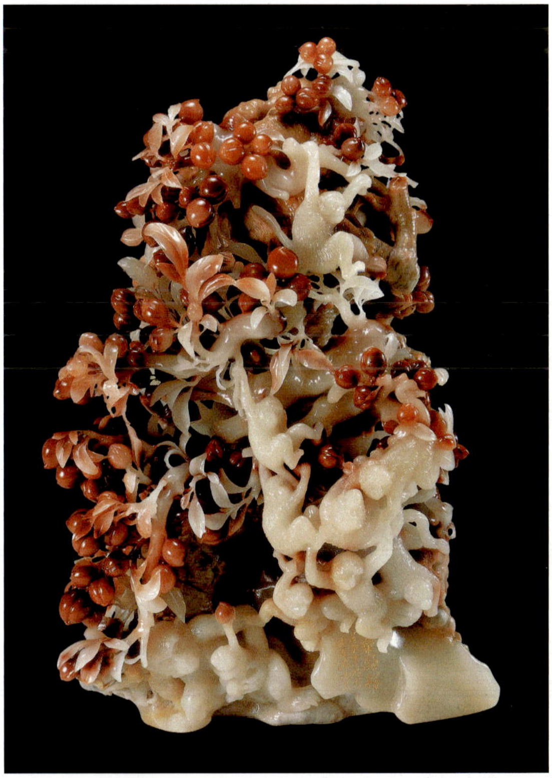

0857 寿山结晶芙蓉石雕《其乐融融》
尺寸：高30cm
估价：RMB300,000-400,000
成交价：RMB336,000
2008-12-6 北京翰海

0862 巴林冻石巧雕螃蟹

尺寸：长28cm

估价：RMB500,000–800,000

成交价：RMB604,800

2008-12-6 北京翰海

0859 青田单洪石雕《情系千家》

尺寸：高27cm

估价：RMB150,000–180,000

成交价：RMB190,400

2008-12-6 北京翰海

0863 巴林福黄牛角冻石雕螃蟹

尺寸：长27cm

估价：RMB800,000–1,200,000

成交价：RMB1,064,000

2008-12-6 北京翰海